Friedrich Engels
Der Deutsche Bauernkrieg

SEVERUS Verlag

Engels, Friedrich: Der Deutsche Bauernkrieg. Verfasst von Friedrich Engels. 2022
Neuauflage der Ausgabe von 1908
ISBN: 978-3-96345-359-5

Korrektorat: Vanessa Abdulai, Ivonne Böttger
Satz: Sarah Schwerdtfeger
Ergänzendes Vorwort: Ivonne Böttger (© SEVERUS Verlag)

Umschlaggestaltung: Annelie Lamers, SEVERUS Verlag
Umschlagmotiv: www. pixabay.com

Bibliografische Information der Deutschen Nationalbibliothek: Die Deutsche Nationalbibliothek verzeichnet diese Publikation in der Deutschen Nationalbibliografie; detaillierte bibliografische Daten sind im Internet über https://dnb.de abrufbar.

Der SEVERUS Verlag ist ein Imprint der Bedey & Thoms Media GmbH,
Hermannstal 119k, 22119 Hamburg

SEVERUS Verlag, 2022
http://www.severus-verlag.de
Gedruckt in Deutschland
Der SEVERUS Verlag übernimmt keine juristische Verantwortung oder irgendeine Haftung
für evtl. fehlerhafte Angaben und deren Folgen.

Friedrich Engels

Der Deutsche Bauernkrieg
Verfasst von Friedrich Engels

Editorische Notiz:
Der Text der vorliegenden Edition beruht auf der Ausgabe:
Friedrich Engels: Der deutsche Bauernkrieg. Von Friedrich Engels. Hans Weber, Berlin 1908. Die Orthographie wurde behutsam modernisiert, grammatikalische Eigenheiten bleiben gewahrt. Die Interpunktion folgt der Druckvorlage. Der Inhalt ist im historischen Kontext zu lesen.

Inhalt

Vorwort des Verlages

Es ist nicht verwunderlich, dass Friedrich Engels' Darstellungen des Deutschen Bauernkriegs erstmalig im fünften und sechsten Heft der politisch-ökonomischen Revue „Neue Rheinische Zeitung" veröffentlicht wurden. Denn dies war ein Magazin, mit dem er gemeinsam mit Karl Marx versuchte, eine weitere Revolution in Deutschland zu schüren, kurz nachdem die Märzrevolution zu ihrem Ende gekommen war.

Doch Engels schrieb zu der Zeit nicht nur für die „Neue Rheinische Zeitung". Er war auch aktiv an der Märzrevolution beteiligt und kämpfte in der Endphase der Badischen Revolution gegen die preußischen Truppen, welche sich gegen die Revolutionäre stellten. Doch auch über die Märzrevolution hinaus war Engels politisch aktiv aufgetreten. Zusammen mit Marx setzte er sich für die Abschaffung der Arbeiterklasse ein, organisierte Aufstände gegen die Bourgeoisie und zusammen wurden sie so schließlich Vorbilder für die Arbeiterbewegungen, die ihre marxistische Lehre hervorgebracht hatte. Den größten Zuspruch erzielte ihre Lehre allerdings außerhalb Deutschlands. 1917 trieb sie die russische Revolution an, welche in der Februarrevolution die bisher zaristische Aristokratie stürzte und zur Machtergreifung der Bolschewiki in der Oktoberrevolution führte. Diese Ereignisse erlebte Engels jedoch nicht mehr. Er starb bereits 1895 im Alter von 74 Jahren.

Zu seinen Lebzeiten erweckte jedoch eine andere Revolution Engels' Interesse. Auch wenn die Bezeichnung nicht unbedingt darauf hindeutet, so war der Große Deutsche Bauernkrieg von 1524/25 im Grunde ebenfalls eine Revolution, „die Revolution des gemeinen Mannes". Sie wird auch als erste Revolution auf deutschem Boden bezeichnet.

Auch Engels erkannte diese Besonderheit und untersuchte die Vorkommnisse des Bauernkriegs aus einer gesellschaftskritischen Perspektive, wobei er auch Vergleiche zur ihm bekannten Märzrevolution zog. Zwischen diesen beiden deutschen Revolutionen mögen über 320 Jahre liegen, dennoch haben sie im Kern eine Gemeinsamkeit: Wie die Revolutionäre der Märzrevolution strebten die Bauern im Bauernkrieg nach

Freiheit und Reformen. Sie verlangten nach Selbstbestimmung. Nicht mehr ihr Dasein fristen auf einem Land, das nicht ihnen gehörte, während sie von ihren Grundherren und der Kirche gleichermaßen ausgebeutet wurden.

Um dieses Ziel zu erreichen, kamen sie im März 1525 im schwäbischen Memmingen zusammen und verfassten die sogenannten Zwölf Artikel. In ihnen forderten sie unter anderem, dass die Frondienste gemildert, die Hörigkeit abgeschafft und die Allmende wiederhergestellt werden. Die gedruckte Fassung verbreitete sich in ganz Deutschland und wurde teilweise an die lokale Lage angepasst und erweitert. Die Zwölf Artikel gelten als erste Niederschrift von Menschenrechten und etwa 25 000 Exemplare sollen gedruckt worden sein. Damit verfolgten die deutschen Bauern bereits Ziele, um die die Franzosen erst über 250 Jahre später in der französischen Revolution kämpften.

Bis heute trägt der Ort Memmingen den Namenszusatz „Stadt der Freiheitsrechte" in Gedenken an das Bauernparlament und überreicht seit 2005 den „Memminger Freiheitspreis" an Persönlichkeiten, Verbände und Initiativen, die sich für Freiheit, Recht und Gerechtigkeit in der Gesellschaft einsetzen.

Eine solch einschneidendes historisches Ereignis erregte jedoch nicht nur das Interesse von politischen Akteuren wie Friedrich Engels. Auch zahlreiche Persönlichkeiten aus dem belletristischen Bereich schenkten dem Deutschen Bauernkrieg ihre Beachtung und beleuchteten die Vorkommnisse dieser Zeit aus verschiedenen Blickwinkeln. So widmete beispielsweise Johann Wolfgang von Goethe dem Anführer des Odenwälder Bauernhaufens, Götz von Berlichingen, ein Schauspiel. Die Oper „Mathis der Maler" von Paul Hindemith hingegen befasst sich mit dem Leben des titelgebenden Malers Matthias Grünewald zur Zeit der Reformation und des Bauernkriegs. Und so hat weder historisch noch literarisch der Deutsche Bauernkrieg in seiner Faszination eingebüßt.

Ivonne Böttger
SEVERUS VERLAG

Einleitung

In der Vorbemerkung zum zweiten Abdruck dieser Schrift hat Friedrich Engels dargelegt, wann und unter welchen Umständen er sie verfasste. Sie ist unter dem weißen Schrecken von 1850 entstanden, und sie bezeugt auch an ihrem Teil ebenso die tiefe Einsicht wie den ungebeugten Mut, womit Marx und Engels den Schlägen der Gegenrevolution trotzten.

Während sich die deutschen und überhaupt die kontinentalen Flüchtlinge, die in London zusammengeströmt waren, halb in ohnmächtigen Hoffnungen berauschten und halb in ohnmächtigem Zorne verzehrten, suchten Marx und Engels die Selbstverständigung über die Kämpfe und Leiden der Zeit, die von Anbeginn ihrer gemeinsamen Tätigkeit, wie ihr stärkster Antrieb, so ihr höchstes Ziel gewesen war. In der kritischen Untersuchung der revolutionären und konterrevolutionären Kräfte erprobten sie zum ersten Male die ganze Schärfe der Waffe, die sie sich im historischen Materialismus geschmiedet hatten, und gaben die ersten Proben ihrer unvergleichlichen Fähigkeit, praktische Propaganda und wissenschaftliche Forschung unlöslich zu verschmelzen.

Im Anfange des Jahres 1850 waren sie noch nicht zu der Erkenntnis gelangt, dass die revolutionäre Flut unaufhaltsam verebbe, die durch die Pariser Februartage des Jahres 1848 entfesselt worden war. Sie riefen damals die „Neue Rheinische Zeitung" von Neuem ins Leben, als politisch-ökonomische Monatsschrift, in der sie sich über den bisherigen Gang der Revolution klar zu werden suchten: Marx namentlich, indem er die französische Entwicklung vom Jahre 1848–1850, Engels namentlich, indem er die deutsche Reichsverfassungskampagne von 1849 einer kritischen Prüfung unterzog. Beide Arbeiten sind neu gedruckt worden; die von Marx als besondere, noch von Engels besorgte und eingeleitete Schrift, unter dem Titel: Die Klassenkämpfe in Frankreich 1848–1850 (Berlin 1895, Verlag des Vorwärts); die von Engels in der Ausgabe, die ich aus dem literarischen Nachlass von Marx, Engels und Lassalle veranstaltet habe (Dritter Band, Stuttgart 1902, Verlag von I. H. W. Dietz Nachf.).

So bedeutend diese Arbeiten waren und so hoch sie von sachkundigen Urteilern sofort bei ihrem Erscheinen eingeschätzt wurden, so hatte das neue publizistische Unternehmen der beiden Freunde doch weder Glück noch Stern. Ein langes Leben hatten sie selbst freilich ihm nicht prophezeit, aber sie hatten auf eine ganz andere Todesart gehofft; am 19. Dezember 1849 meinte Marx, dass nach Erscheinen von drei, vielleicht vier Monatsheften der Weltbrand ausbrechen werde. Stattdessen erloschen aber die letzten Flammen der Revolution. Es kam manches zufällige Ungemach dazu; Krankheit von Marx hinderte das rechtzeitige Erscheinen der Hefte; auch war der Drucker in Hamburg nicht auf dem Posten. Im Mai 1850 schrieb Frau Marx an ihren und ihres Gatten Freund Weydemeyer: „Das Einzige, was mein Mann wohl von denen verlangen konnte, die manchen Gedanken, manche Erhebung, manchen Halt an ihm hatten, war, bei seiner Revue mehr geschäftliche Energie, mehr Teilnahme zu entwickeln. Das bin ich so stolz und kühn zu behaupten. Das wenige war man ihm schuldig. Ich glaube, es war niemand dabei betrogen. Das schmerzt mich. Aber mein Mann denkt anders. Er hat noch nie, selbst in den schrecklichsten Momenten, die Sicherheit der Zukunft, selbst nicht den heitersten Humor verloren." Der Schmerzensschrei der edlen Frau war berechtigt, aber auch die treuesten Freunde ihres Mannes mussten ihre Ohnmacht bekennen. Lassalle, der am Rhein sich um Abonnenten bemühte, schrieb nach London, man müsse wie ein Hamster alle Erdlöcher durchkriechen, um einen Demokraten zu finden, und Weydemeyer selbst, der von Frankfurt aus die Propaganda für die Revue unter den süddeutschen Parteigenossen betrieb, hatte bis zum Juni 1850 nur etwa 54 Gulden eingenommen.

Aber Marx und Engels verloren in der Tat die Sicherheit der Zukunft nicht. Nachdem das halbwegs regelmäßige Erscheinen der Revue schon mit dem vierten Heft, im April 1850, aufgehört hatte, ließen sie im November 1850 noch ein Doppelheft erscheinen, worin sie nicht beweglich oder zornig darüber klagten, dass die Revolution erloschen sei, sondern wissenschaftlich untersuchten, weshalb sie hatte erlöschen müssen.

In einem ökonomisch-politischen Überblicke, der ebenfalls im dritten Bande meiner Nachlassausgabe neu gedruckt worden ist, über die Zeit von Mai bis Oktober 1850, kamen sie zu dem Ergebnis: „Bei dieser allgemeinen Prosperität, worin die Produktivkräfte der bürgerlichen Gesellschaft sich so üppig entwickeln, wie dies innerhalb der bürgerlichen Verhältnisse überhaupt möglich ist, kann von einer wirklichen Revolution keine Rede sein. ... Eine neue Revolution ist nur möglich im Gefolge einer neuen Krisis. Sie ist aber auch ebenso sicher wie diese." In diesem letzten Doppelheft der Revue erschien nun auch die Arbeit von Friedrich Engels über den deutschen Bauernkrieg, die „gegenüber der momentanen Erschlaffung, die sich nach zwei Jahren des Kampfes fast überall zeigt, die ungefügen, aber kräftigen und zähen Gestalten" aus den Revolutionskämpfen des sechzehnten Jahrhunderts dem deutschen Volke wieder vorführen wollte. Man wird in ihr vergebens nach irgendeiner Spur der Entmutigung suchen; fern von allen Fanfaronaden atmet die doch ungebrochene und ungetrübte Kampflust.

Irgendwelche selbständige Quellenstudien hat Engels für seine Arbeit nicht gemacht, wie er selbst schon in einer Fußnote des ersten, dann aber auch in der Vorbemerkung des zweiten Abdrucks hervorhebt. In allem Tatsächlichen stützt er sich auf Zimmermanns Geschichte des Bauernkrieges, die auch heute noch, obgleich sie nicht nur, wie Engels im Jahre 1870 von ihr sagte, hier und da lückenhaft, sondern auch in manchen Einzelheiten veraltet sein mag, immer noch die beste Zusammenstellung des Tatsächlichen bietet; an der Darstellung revolutionärer Bewegungen haben die bürgerlichen Historiker je länger je mehr jeden Geschmack verloren. Es ist allein die historische Methode, die dieser Arbeit von Engels ihren eigentümlichen Wert gibt. Engels scheidet und verbindet den historischen Stoff, den Zimmermann gesammelt hat, nach den leitenden Gesichtspunkten des historischen Materialismus und kontrolliert die Richtigkeit seiner Auffassung durch eine Parallele zwischen den deutschen Revolutionen von 1525 und von 1848, ihre Gleichheiten und Ungleichheiten abwägend mit der sachlichen Ruhe des Forschers; die ihm wie Marx niemals abhandenkam, am Tage der Niederlage so wenig, wie am Tage des Sieges.

So bedeutete die Schrift zur Zeit ihres Erscheinens einen entscheidenden Fortschritt in der historischen Erkenntnis des Reformationszeitalters, dessen Bild bis dahin in verschwimmenden Umrissen schwankte, verhüllt, wie es war, durch die Schleier der religiösen Ideologie. Indem Engels die ökonomischen Triebkräfte der Zeit enthüllte als die in letzter Instanz entscheidenden Hebel ihrer Entwicklung, sanken jene Schleier, und das bunt schimmernde Bild der durcheinander tobenden Interessen entwirrte sich, beleuchtet durch die neuen Produktivkräfte, die an verlebten Produktionsformen rüttelten. Entrissen der Gunst und dem Hass der Parteien, erschienen die Hutten, die Luther, die Münzer nicht mehr in dem trügerischen

7

Lichte von Männern, die die Geschichte machen, sondern als lebendige Gestalten in ihrem eigenen Licht, erkennbar bis auf jede Falte der Stirn und jede Furche der Wange, als die Vorkämpfer von Klassen, die in einer weltumwälzenden Zeit auf Tod und Leben miteinander rangen.

Zunächst ging die Schrift unter in den Strudeln der Gegenrevolution, und noch nahe an zehn Jahre nach ihrem Erscheinen konnte selbst ein Mann wie Lassalle mit Marx und Engels streiten über die historischen Fragen, die sie aus dem Grunde geschlichtet hatte. Jedoch nach zwanzig Jahren durfte Engels sie zum zweiten Male herausgeben, sei es auch nur mit dem Geständnis, dass sie zu seinem Leidwesen immer noch zeitgemäß sei.

***

Es geschah im Jahre 1870, am Vorabend des deutsch-französischen Krieges. Die Sieger über die deutsche Märzrevolution waren durch den unerbittlichen Gang der ökonomischen Entwicklung gezwungen worden, selbst ihre Erben zu werden; was der Revolution von unten nicht gelungen war, dank der Feigheit der deutschen Bourgeoisie, die nationale Einigung Deutschlands, das war nun durch die Revolution von oben begonnen worden. Allein was solche Revolutionen fertig bringen, ist immer nur ein Flick- und Stückwerk, und so war auch in der deutschen Arbeiterbewegung, die mit dem Jahre 1863 von Neuem eingesetzt hatte, ein bitterer Streit entstanden, nicht über die Revolution von oben als solche, auch nicht über die völlige Unzulänglichkeit ihrer Ergebnisse, sondern darüber, ob sie als eine zunächst unwiderrufliche Tatsache anzuerkennen und auf dem von ihr geschaffenen Boden zu bekämpfen sei, oder ob sie wieder aus der Welt geschafft werden müsse durch eine Revolution von unten, die dann die nationale Einheit schaffen werde.

Es war darüber im August des Jahres 1869 zu einer völligen Spaltung der jungen Arbeiterpartei in Deutschland gekommen, in die beiden Fraktionen der Lassalleaner und der Eisenacher, von denen die Lassalleaner den damaligen Norddeutschen Bund als historische Tatsache annahmen, ohne damit ihren sozialistischen Prinzipien irgendetwas zu vergeben, während die Eisenacher, ebenfalls unter strengster Beobachtung ihrer sozialistischen Prinzipien, doch enge Fühlung halten wollten mit der damaligen Volkspartei, die in Norddeutschland allerdings nur, außer etwa im Königreich Sachsen, einige zerstreute Anhänger musterte, aber stärker in den süddeutschen Staaten vertreten war, die bekanntlich in den Jahren 1866–1870 den zweifelhaften Vorzug genossen, europäische Mächte auf eigene Faust zu spielen. Diese Fühlung hatte jedoch für die Eisenacher Fraktion alsbald sehr peinliche Folgen. Die Fraktion war gerade einen Monat alt, als die Internationale ihren vierten Kongress in Basel abhielt und sich hier für das Recht der Gesellschaft entschied, den Grund und Boden in Gemeineigentum zu verwandeln.

Darüber geriet die brave Volkspartei aus dem Häuschen und lärmte wie besessen gegen das „herrschsüchtige Knotentum" der Internationalen, die sie als Helfershelferin Bonapartes und Bismarcks denunzierte. So stand die Eisenacher Fraktion vor der Wahl, diese bürgerlichen Freunde oder ihre sozialistischen Prinzipien zu verleugnen. Jedes Ausweichen war umso weniger möglich, als die Lassalleaner sich sofort für die Baseler Beschlüsse erklärten und es von ihrem bisher vertretenen Standpunkt aus auch mit gutem Recht konnten. Dennoch versuchte, zwar nicht die damals in Braunschweig sitzende Parteileitung der Eisenacher, die vielmehr eine offizielle Kundgebung zugunsten der Baseler Beschlüsse erlassen wollte, aber Liebknecht als Redakteur des Parteiorgans, des in Leipzig erscheinenden „Volksstaats", ein solches Ausweichen; er wollte, wie er nach Braunschweig schrieb, nicht vorzeitig mit der Volkspartei in Krakeel geraten und hielt es für ausreichend, wenn das Parteiorgan die Baseler Beschlüsse nur nicht verleugne. Allein, wenn solche Halbheit sonst gar nicht in Liebknechts Art lag, so machte er mit ihr besonders schlechte Erfahrungen. Die Lassalleaner spotteten nun, dass die Eisenacher sich nicht zum Kardinalsatze des wissenschaftlichen Kommunismus, nicht zur „Schule von Karl Marx" zu bekennen wagten, während die Biedermänner der Volkspartei auf einer ausdrücklichen Verleugnung der Baseler Beschlüsse bestanden. Natürlich kam Liebknecht alsbald zur Erkenntnis seines Irrtums, und schon im Januar 1870 schilderte er die Volkspartei vollkommen zutreffend als eine durch Zufall zusammengewürfelte Gelegenheitspartei, die nichts weiter als poltern könne und den Norddeutschen Bund nimmermehr gefährden werde.

Unter dem frischen Eindruck solcher Vorgänge hat Engels seine Vorbemerkung zum zweiten Abdruck dieser Schrift verfasst. Die Eisenacher wollten im Gegensatz zu den Lassalleanern die eigentlichen Marxisten sein, und in der Tat standen Marx und Engels in den damaligen inneren Parteistreitigkeiten zu ihnen. Auf Liebknechts Wunsch hatte Engels den Abdruck seiner Arbeit über den deutschen Bauernkrieg im „Volksstaat" und dann auch ihre Herausgabe als besondere Schrift gestattet; deshalb sagt seine Vorbemerkung den Eisenachern aber doch ebenso derbe wenn nicht derbere Wahrheiten, als den Lassalleanern. Es mag dahingestellt bleiben, ob es auf einzelne Führer der Lassalleaner gemünzt ist, wenn Engels ausführt, jeder Arbeiterführer, der sich auf das Lumpenproletariat stütze, beweise sich schon dadurch als Verräter an der Bewegung; ähnliche Vorwürfe sind dazumal wohl in der Hitze des Kampfes, wenn auch ohne Grund, erhoben worden. Jedenfalls vertrat Engels unzweideutig den einseitigen Standpunkt der Eisenacher, wenn er meinte, an der „Haupt- und Staatsaktion" von 1866 interessierten die Arbeiter zwar einzelne Punkte – die entweder etwas weit hergeholt waren, wie die verlorene Unschuld der preußischen Krone, seitdem sie drei andere Kronen von Gottes Gnaden verschluckt habe, oder gerade von den Lassalleanern in erster Reihe betont wurden, wie die Erlangung des allgemeinen Stimmrechts –, allein an den gesellschaftlichen Verhältnissen Deutschlands hätte das Jahr 1866 „fast nichts" geändert. Um die Übertreibung in diesem Urteil richtigzustellen, genügt es, an eine spätere Äußerung zu erinnern, worin Engels sagt, in den Jahren 1866–1870 seien die bürgerlichen Reformen, deren das damalige Deutschland bedurfte, wenn auch im Vergleich mit den westeuropäischen Kulturvölkern spät und unvollkommen, so doch „rasch und im Ganzen in liberaler Weise" hergestellt worden.

Mitten in dieser Auseinandersetzung erklärte Engels aber schon, dass Nationalliberalismus und Volkspartei nur die entgegengesetzten Pole einer und derselben Borniertheit seien, was immerhin auch ein deutlicher Wink an die Adresse der Eisenacher war. Die außerordentliche Treffsicherheit dieser Prophezeiung bedarf heute, wo die kümmerlichen Reste der famosen Volkspartei in holder Gemeinschaft mit den Nationalliberalen im Joche der Blockpolitik keuchen, keines Beweises mehr. Ein nicht minder deutlicher Wink an die Adresse der Eisenacher waren dann die Schlusssätze in der Vorbemerkung von Engels. Er hebt in ihnen hervor, dass die Baseler Beschlüsse über das Gemeineigentum am Grund und Boden gerade für Deutschland höchst zeitgemäß gewesen seien, wo von dem Tage ab, an dem die Masse des ländlichen Proletariats ihre eigenen Interessen zu verstehen gelernt habe, eine bürokratische, feudale, reaktionäre oder bürgerliche Regierung unmöglich sein werde. Und es bedarf abermals keiner eingehenden Ausführung darüber, wie überaus zeitgemäß auch heute noch die Ausführungen sind, die Engels über diese Frage macht.

Eine beiläufige Äußerung in einer Vorbemerkung macht dagegen noch eine kurze Erläuterung notwendig: Engels spricht davon, dass die wunderbar schlechte Strategie der Preußen bei Sadowa über die wunderbarerweise noch schlechtere Strategie der Österreicher gesiegt habe. Darin scheint, wenigstens soweit es auf die preußische Strategie ankommt, eine unschöne Tendenz der Schwarzmalerei zu liegen. Indessen braucht man sich nur die näheren Umstände zu vergegenwärtigen, wodurch dies Urteil veranlasst worden ist, um seine Berechtigung vollkommen anzuerkennen. Engels hatte bereits über die „Eleganz" der Siege gespottet, die die Preußen im deutsch-dänischen Kriege erfochten haben wollten, was natürlich auch auf den Neid der „Schwefelbande" in London geschoben wurde, während man heute selbst in dem preußischen Generalstabswerk über den Krieg von 1864 nachlesen kann, wie verpfuscht dieser Feldzug von preußischer Seite worden ist. Der alte Wrangel hat ihn als halb unzurechnungsfähiger Gamaschenknopf geführt.

Ebenso ruinierte nun auch der alte Wilhelm in eigener Person schon in der Anlage den Feldzug von 1866: durch seine glorreiche Politik, die der wütende Bismarck mit den Worten kennzeichnete, kaum habe man den alten Schimmel an dem Graben gespornt, so scheue er mit einem mächtigen Satze zurück. Auch darüber kann man jetzt aus der amtlichen Literatur über den Krieg von 1866 alle wünschenswerte Klarheit schöpfen. Moltke rettete dann allerdings die verfahrene Situation durch den kühnen Entschluss, die verlorene Zeit dadurch wieder einzubringen, dass er die preußischen Truppen nicht erst irgendwo rückwärts im Lande versammelte, sondern sie konzentrisch, zuletzt in zwei großen Gruppen, aus der Lausitz und aus Sachsen nach Böhmen führte. Allein dieser Pfad des Sieges ging haarscharf am Abgrunde einer zerschmetternden Niederlage vorüber, zu der es unzweifelhaft gekommen wäre, wenn die Strategie des alten Benedek wunderbarerweise nicht noch schlechter gewesen wäre, als die Strategie des alten Wilhelm.

***

Konnte Engels seine Schrift noch zwanzig Jahre nach ihrem ersten Erscheinen zeitgemäß nennen, so dürfen wir ihr diesen – in gewissem Sinne ja freilich leidigen – Vorzug noch vierzig Jahre nach ihrem zweiten Abdruck nicht bestreiten. Engels selbst hat sich in seinem letzten Lebensjahrzehnt viel mit dem Gedanken beschäftigt, sie von Neuem herauszugeben, in erweiterter und vertiefter Gestalt, und nur die Überlast anderer Arbeit hat ihn daran gehindert. Am 31. Dezember 1884 schrieb er an Sorge: „Meinen Bauernkrieg arbeite ich ganz um. Wird Angelpunkt der ganzen deutschen Geschichte. Das gibt auch Arbeit. Aber die Vorstudien sind so gut wie fertig."

Dann schrieb er an mich, am 13. Juli 1893, indem er mich ermunterte, die Darstellung der friderizianischen Zeit, die ich in meinem Buch über Lessing gegeben hatte, auf die ganze preußische Geschichte auszudehnen: „Gemacht werden muss es ja doch einmal, ehe der Rumpelkasten zusammenbricht; die Auflösung der monarchisch-patriotischen Legende ist, wenn auch nicht gerade eine notwendige Voraussetzung der Beseitigung der die Klassenherrschaft deckenden Monarchie (da eine r e i n bürgerliche Republik in Deutschland überholt ist, ehe sie zustande kam), aber doch einer der wirksamsten Hebel dazu. Dann werden Sie auch mehr Raum und Gelegenheit haben, die preußische Lokalgeschichte als Stück der deutschen Gesamtmisere darzustellen. Dies ist der Punkt, wo ich von Ihrer Auffassung hier und da etwas abweiche, namentlich in der Auffassung der Vorbedingungen der Zersplitterung und des Fehlschlagens der deutschen bürgerlichen Revolution des sechzehnten Jahrhunderts. Wenn ich dahin komme, die historische Einleitung zu meinem Bauernkrieg neu zu bearbeiten, was, wie ich hoffe und wünsche, diesen Winter geschieht, dann werde ich die bezüglichen Punkte dort entwickeln können. Nicht dass ich die von Ihnen angegebenen für unrichtig hielte, aber ich stelle andere daneben und gruppiere etwas anders. – Beim Studium der deutschen Geschichte, die ja eine einzige fortlaufende Misere darstellt, habe ich immer gefunden, dass der Vergleich der entsprechenden französischen Epochen erst den richtigen Maßstab gibt, weil dort das gerade Gegenteil von dem geschieht, als bei uns. Dort die Herstellung des Nationalstaats aus den zerstreuten Gliedern des Feudalstaats, gerade als bei uns der Hauptverfall eintrat. Dort eine seltene objektive Logik in dem ganzen Verlauf des Prozesses, bei uns öde und stets ödere Zerfahrenheit. Dort repräsentiert der englische Eroberer im Mittelalter in seiner Einmischung zugunsten der provenzalischen Nationalität gegen die nordfranzösische die fremde Einmischung; die Engländerkriege stellen sozusagen den dreißigjährigen Krieg vor, der jedoch mit der Vertreibung der ausländischen Einmischung und der Unterwerfung des Südens unter dem Norden endigt. Dann kommt der Kampf der Zentralmacht mit dem sich auf ausländische Besitzungen stützenden burgundischen Vasallen, der die Rolle von Brandenburg-Preußen spielt; auch hier liegt die Zentralmacht und stellt den Nationalstaat endgültig her. Und gerade in dem Moment bricht bei uns der Nationalstaat vollständig zusammen (soweit man das „deutsche Königtum" innerhalb des heiligen römischen Reichs einen Nationalstaat nennen kann), und die Plünderung des deutschen Gebiets auf großem Maßstabe fängt an. Es ist ein im höchsten Grade für den Deutschen beschämender Vergleich, aber darum umso lehrreicher, und seitdem unsere Arbeiter Deutschland mit in die erste Reihe der geschichtlichen Bewegung gestellt haben, können wir die Schmach der Vergangenheit etwas leichter schlucken. – Ganz besonders bezeichnend für die deutsche Entwicklung ist noch, dass die beiden Teilstaaten, die schließlich ganz Deutschland unter sich geteilt haben, beide keine rein deutschen, sondern Kolonien auf erobertem slawischen Gebiet sind, Österreich eine bayrische, Preußen eine sächsische Kolonie, dass sie sich Macht in Deutschland verschafft haben nur dadurch, dass sie sich auf fremden, undeutschen Besitz stützten: Österreich auf Ungarn (von Böhmen nicht zu sprechen), Brandenburg auf Preußen. An der am meisten bedrohten Westgrenze fand so etwas nicht statt, an der Nordgrenze überließ man den Dänen, Deutschland gegen die Dänen zu schützen und im Süden war so wenig zu schützen, dass die Grenzwächter, die Schweizer, sich sogar selbst von Deutschland losreißen konnten."

Und noch wenige Monate vor seinem Tode, am 21. Mai 1895, schrieb Engels an Kautsky in einer Kritik von dessen Vorläufern des Sozialismus: „Ich habe aus dem Buche sehr viel gelernt, für meine Neubearbeitung des Bauernkrieges ist es eine unentbehrliche Vorarbeit. Die Hauptfehler scheinen mir zwei: 1. Sehr mangelhafte Untersuchung der Entwicklung und Rolle der ganz außerhalb der feudalen Gliederung stehenden, deklassierten, fast pariamäßig gestellten Elemente, die unvermeidlich mit jeder Stadtbildung aufkommen mussten, die unterste rechtlose Schicht jeder Stadtbevölkerung im Mittelalter bilden, los von Markgenossenschaft, feudaler Abhängigkeit und Zunftverband. Das ist schwer, aber es ist die H a u p t b a s i s, denn allmählich, mit Auflösung der Feudalbande, wird dies das Vorproletariat, das 1789 in den Pariser Faubourgs die Revolution machte; es absorbierte alle Auswürflinge der feudalen und zünftigen Gesellschaft. Du sprichst von Proletariern, der Ausdruck schielt, und ziehst die Weber hinein, deren Wichtigkeit Du ganz richtig schilderst – aber erst s e i t d e m es deklassierte, nichtzünftige Weberknechte gab und s o w e i t es deren gab, kannst Du diese zu Deinem „Proletariat" rech-

13

nen. Hier ist noch viel nachzuholen. 2. Hast Du die Weltmarktstellung, soweit davon die Rede sein kann, die internationale ökonomische Stellung Deutschlands Ende des fünfzehnten Jahrhunderts nicht voll erfasst. Diese Stellung erklärt a l l e i n, weshalb die bürgerlich-plebejische Bewegung in religiöser Form, die in England, den Niederlanden, Böhmen erlag, im sechzehnten Jahrhundert in Deutschland einen gewissen Erfolg haben konnte: den Erfolg ihrer r e l i g i ö s e n V e r k l e i d u n g, während der Erfolg des bürgerlichen I n h a l t s dem folgenden Jahrhundert und den Ländern der inzwischen entstandenen neuen Weltmarktsrichtung vorbehalten blieb: Holland und England. Das ist ein langes Thema, das ich beim Bauernkrieg in *extenso* darzustellen hoffe: wär' ich erst dabei!"

Es hat nicht dazu kommen sollen, was wir umso mehr beklagen dürfen, je fruchtbarer und vielseitiger die Gesichtspunkte sind, die Engels für diese neue Gestaltung seiner alten Schrift ins Auge gefasst hatte.

***

Deshalb dürfen wir freilich nicht gering schätzen, was wir an dieser Schrift besitzen. Sie wiederum herauszugeben und den Arbeitern zugänglich zu machen, ist nicht nur eine Pflicht schuldiger Pietät gegen den um die Arbeitersache so hochverdienten Verfasser. Die Schrift ist vielmehr heute noch eine Waffe kräftiger Propaganda, geeignet wie keine andere, dem modernen Proletarier die deutsche Revolution in dem historischen Kern ihres Wesens lebendig zu machen, nicht nur seine historischen Kenntnisse zu erweitern, sondern auch das richtige Verständnis der Aufgaben zu schärfen, die sein heutiger Emanzipationskampf zu lösen hat.

In manchen Partien ist sie durch die Darstellungen überholt, die Kautsky in seinem Thomas More und seinen Vorläufern des Sozialismus vom Zeitalter der Reformation gegeben hat; vieles was Engels nur andeutet, ist bei Kautsky feiner und reicher ausgeführt, und wer, angeregt durch die vorliegende Schrift, nun auch zu jenen Büchern Kautskys greift, wird doppelten Gewinn davontragen. Aber wie sie zuerst die großen Grundzüge der deutschen Bauernrevolution klargelegt hat, so bleibt sie unübertroffen als erste Einführung in das gründliche Verständnis einer denkwürdigen und für jeden deutschen Arbeiter dreimal denkwürdigen Zeit.

Steglitz-Berlin, im März 1908

Franz Mehring

14

Der deutsche Bauernkrieg

Von

Friedrich Engels

Vorbemerkung

Die nachstehende Arbeit wurde im Sommer 1850, noch unter dem unmittelbaren Eindruck der eben vollendeten Konterrevolution, in London geschrieben; sie erschien im 5. und 6. Heft der „Neuen Rheinischen Zeitung", Politisch-ökonomische Revue, redigiert von Karl Marx, Hamburg 1850. – Meine politischen Freunde in Deutschland wünschen ihren Wiederabdruck, und ich komme ihrem Wunsche nach, da sie, zu meinem Leidwesen, auch heute noch zeitgemäß ist.

Sie macht keinen Anspruch darauf, selbständig erforschtes Material zu liefern. Im Gegenteil, der gesamte auf die Bauernaufstände und auf Thomas Münzer sich beziehende Stoff ist aus Zimmermann genommen. Sein Buch, obwohl hier und da lückenhaft, ist immer noch die beste Zusammenstellung des Tatsächlichen. Dabei hatte der alte Zimmermann Freude an seinem Gegenstand. Derselbe revolutionäre Instinkt, der hier überall für die unterdrückte Klasse auftritt, machte ihn später zu einem der besten auf der äußersten Linken in Frankfurt.

Wenn dagegen der Zimmermannschen Darstellung der innere Zusammenhang fehlt, wenn es ihr nicht gelingt, die religiös-politischen Streitfragen jener Epoche als das Spiegelbild der gleichzeitigen Klassenkämpfe nachzuweisen; wenn sie in diesen Klassenkämpfen nur Unterdrücker und Unterdrückte, Böse und Gute und den schließlichen Sieg der Bösen sieht; wenn ihre Einsicht in die gesellschaftlichen Zustände, die sowohl den Ausbruch wie den Ausgang des Kampfes bedingten, höchst mangelhaft ist, so war dies der Fehler der Zeit, in der das Buch entstand. Im Gegenteil, für seine Zeit ist es, eine rühmliche Ausnahme unter den deutschen idealistischen Geschichtswerken, noch sehr realistisch gehalten.

Meine Darstellung versuchte, den geschichtlichen Verlauf des Kampfes nur in seinen Umrissen skizzierend, den Ursprung des Bauernkrieges, die Stellung der verschiedenen darin auftretenden Parteien, die politischen und religiösen Theorien, in denen diese Parteien über ihre Stellung sich klar zu werden suchen, endlich das Resultat des Kampfes selbst mit Notwendigkeit aus den historisch vorliegenden gesellschaftlichen Lebensbedingungen dieser Klassen zu erklären; also die damalige politische Verfassung Deutschlands, die Auflehnungen gegen sie, die politischen und religiösen Theorien der Zeit nachzuweisen, nicht als Ursachen, sondern als Resultate der Entwicklungsstufe, auf der sich damals in Deutschland Ackerbau, Industrie, Land- und Wasserstraßen, Waren- und Geldhandel befanden. Diese, die einzig materialistische Geschichtsanschauung, geht nicht von mir aus, sondern von Marx, und findet sich ebenfalls in seinen Arbeiten über die französische Revolution von 1848–49 in derselben Revue und im 18. Brumaire des Louis Bonaparte.

Die Parallele zwischen der deutschen Revolution von 1525 und der von 1848–49 lag zu nahe, um damals ganz von der Hand gewiesen zu werden. Neben der Gleichförmigkeit des Verlaufs, wo immer ein und dasselbe fürstliche Heer verschiedene Lokalaufstände nacheinander niederschlug, neben der oft lächerlichen Ähnlichkeit des Auftretens der Städtebürger in beiden Fällen, brach indes doch auch der Unterschied klar und deutlich hervor:

„Wer profitierte von der Revolution von 1525? Die Fürsten. – Wer profitierte von der Revolution von 1848? Die großen Fürsten, Österreich und Preußen. Hinter den kleinen Fürsten von 1525 standen, sie an sich kettend durch die Steuer, die kleinen Spießbürger, hinter den großen Fürsten von 1850, hinter Österreich und Preußen, die rasch unterjochend durch die Staatsschuld, stehen die modernen großen Bourgeois. Und hinter den großen Bourgeois stehen die Proletarier."

Es tut mir leid, sagen zu müssen, dass in diesem Satz der deutschen Bourgeoisie viel zu viel Ehre erwiesen wurde. Die Gelegenheit haben sie gehabt, obwohl in Österreich wie in Preußen, die Monarchie „rasch durch die Staatsschuld zu unterjochen"; nie und nirgends ist diese Gelegenheit benutzt worden.

Österreich ist durch den Krieg von 1866 der Bourgeoisie als Geschenk in den Schoß gefallen. Aber sie versteht nicht zu herrschen, sie ist ohnmächtig und unfähig zu allem. Nur eins kann sie: gegen die Arbeiter wüten, sobald diese sich regen. Sie bleibt nur noch am Ruder, weil die Ungarn sie brauchen.

Und in Preußen? Ja, die Staatsschuld hat sich allerdings reißend vermehrt, das Defizit ist in Permanenz erklärt, die Staatsausgaben wachsen von Jahr zu Jahr, die Bourgeois haben in der Kammer die Majorität, ohne sie können weder Steuern erhöht, noch Anleihen aufgenommen werden – aber wo ist ihre Macht über den Staat? Noch vor ein paar Monaten, als wieder ein Defizit vorlag, hatten sie die beste Position. Sie konnten bei nur e i n i g e r Ausdauer hübsche Konzessionen erzwingen. Was tun sie? Sie sehen es als eine genügende Konzession an, dass die Regierung i h n e n e r l a u b t, ihr an 9 Millionen, nicht für ein Jahr, nein j ä h r l i c h und für alle Folgezeit zu Füßen zu legen.

Ich will die armen „Nationalliberalen" in der Kammer nicht mehr tadeln, als sie verdienen. Ich weiß, sie sind von denen, die hinter ihnen stehen, von der Masse der Bourgeoisie im Stich gelassen. Diese Masse will nicht herrschen. Sie hat 1848 noch immer in den Knochen.

Weshalb die deutsche Bourgeoisie diese merkwürdige Feigheit entwickelt, darüber unten.

Im Übrigen hat sich obiger Satz vollständig bestätigt. Seit 1850 immer entschiedeneres Zurücktreten der Kleinstaaten, die nur noch als Hebel für preußische oder österreichische Intrigen dienen, immer heftigere Kämpfe zwischen Österreich und Preußen um die Alleinherrschaft, endlich die gewaltsame Auseinandersetzung von 1866, wonach Österreich seine eigenen Provinzen behält, Preußen den ganzen Norden direkt oder indirekt unterwirft, und die drei Südweststaaten vorläufig an die Luft gesetzt werden.

Für die deutsche Arbeiterklasse ist bei dieser ganzen Haupt- und Staatsaktion nur dies von Bedeutung:

Erstens, dass die Arbeiter durch das allgemeine Stimmrecht die Macht erlangt haben, in der gesetzgebenden Versammlung sich direkt vertreten zu lassen.

Zweitens, dass Preußen mit gutem Beispiel vorangegangen ist und drei andere Kronen von Gottes Gnaden verschluckt hat. Dass es nach dieser Prozedur noch dieselbe unbefleckte Krone von Gottes Gnaden besitzt, die es sich vorher zuschrieb, das glauben selbst die Nationalliberalen nicht.

Drittens, dass es in Deutschland nur noch e i n e n ernsthaften Gegner der Revolution gibt – die preußische Regierung.

17

Und viertens, dass die Deutsch-Österreicher sich jetzt endlich einmal die Frage vorlegen müssen, was sie sein wollen; Deutsche oder Österreicher? Wozu sie lieber halten wollen – zu Deutschland oder zu ihren außerdeutschen transleithanischen Anhängseln? Dass sie eins oder das andere aufgeben müssen, war schon lange selbstredend, ist aber immer von der kleinbürgerlichen Demokratie vertuscht worden.

Was die sonstigen wichtigen Streitfragen von wegen 1866 betrifft, die seitdem bis zum Überdruss zwischen den „Nationalliberalen" einerseits und der „Volkspartei" andererseits verhandelt werden, so dürfte die Geschichte der nächsten Jahre beweisen, dass diese beiden Standpunkte sich nur deshalb so heftig befehden, weil sie die entgegengesetzten Pole einer und derselben Borniertheit sind.

An den gesellschaftlichen Verhältnissen Deutschlands hat das Jahr 1866 fast nichts geändert. Die paar bürgerlichen Reformen – gleiches Maß und Gewicht, Freizügigkeit, Gewerbefreiheit usw., alles in den der Bürokratie angemessenen Schranken – erreichen noch nicht einmal das, was die Bourgeoisie anderer westeuropäischer Länder längst besitzt und lassen die Hauptschikane, das bürokratische Konzessionswesen, unberührt. Für das Proletariat werden ohnehin alle Freizügigkeits-, Indigenats-, Passaufhebungs- und andere Gesetze durch die landläufige Polizeipraxis ganz illusorisch gemacht.

Was viel wichtiger ist als die Haupt- und Staatsaktion von 1866, das ist die Hebung der Industrie und des Handels, der Eisenbahnen, Telegraphen und ozeanischen Dampfschifffahrt in Deutschland seit 1848. So weit dieser Fortschritt auch hinter dem gleichzeitig in England, selbst in Frankreich gemachten zurücksteht, für Deutschland ist er unerhört und hat in zwanzig Jahren mehr geleistet, als sonst ein ganzes Jahrhundert tat. Deutschland ist erst jetzt ernstlich und unwiderruflich in den W e l t h a n d e l hineingezogen worden. Die Kapitalien der Industriellen haben sich rasch vermehrt, die gesellschaftliche Stellung der Bourgeoisie hat sich dementsprechend gehoben. Das sicherste Kennzeichen industrieller Blüte, der S c h w i n d e l, hat sich in reichem Maße eingestellt und Grafen und Herzöge an seinen Triumphwagen gekettet. Deutsches Kapital baut jetzt russische und rumänische Eisenbahnen – möge ihm die Erde leicht sein! – statt dass noch vor fünfzehn Jahren deutsche Bahnen bei englischen Unternehmern betteln gingen. Wie ist es da möglich, dass die Bourgeoisie sich nicht auch politisch die Herrschaft erobert hat, dass sie sich so feig gegen die Regierung benimmt?

Die deutsche Bourgeoisie hat das Unglück, dass sie nach beliebter deutscher Manier zu spät kommt. Ihre Blütezeit fällt in eine Periode, wo die Bourgeoisie der anderen westeuropäischen Länder politisch schon im Niedergang begriffen ist. In England hat die Bourgeoisie ihren eigentlichen Repräsentanten, Bright, nicht anders in die Regierung bringen können, als durch eine Ausdehnung des Stimmrechts, die in ihren Folgen der ganzen Bourgeoisherrschaft ein Ende machen muss. In Frankreich, wo die Bourgeoisie als solche, als Gesamtklasse, nur zwei Jahre, 1849 und 1850, unter der Republik geherrscht hat, konnte sie ihre soziale Existenz nur fristen, indem sie ihre politische Herrschaft an Louis Bonaparte und die Armee abtrat. Und bei der so unendlich gesteigerten Wechselwirkung der drei fortgeschrittensten europäischen Länder ist es heutzutage nicht mehr möglich, dass in Deutschland die Bourgeoisie sich die politische Herrschaft gemütlich einrichtet, wenn diese sich in England und Frankreich überlebt hat.

Es ist eine Eigentümlichkeit gerade der Bourgeoisie gegenüber allen früheren herrschenden Klassen: in ihrer Entwicklung gibt es einen Wendepunkt, von dem an jede weitere Steigerung ihrer Machtmittel, vorab also ihrer Kapitalien, nur dazu beiträgt, sie zur politischen Herrschaft mehr und mehr unfähig zu machen. „H i n t e r d e n g r o ß e n B o u r g e o i s s t e h e n d i e P r o l e t a r i e r.“ In demselben Maß, wie die Bourgeoisie ihre Industrie, ihren Handel und ihre Verkehrsmittel entwickelt, in demselben Maß erzeugt sie Proletariat. Und an einem gewissen Punkt – der nicht überall gleichzeitig oder auf gleicher Entwicklungsstufe einzutreten braucht – beginnt sie zu merken, dass dieser ihr proletarischer Doppelgänger ihr über den Kopf wächst. Von dem Augenblick an verliert sie die Kraft zur ausschließlichen politischen Herrschaft, sie sieht sich um nach Bundesgenossen, mit denen sie, je nach Umständen, ihre Herrschaft teilt oder denen sie sie ganz abtritt.

In Deutschland ist dieser Wendepunkt für die Bourgeoisie bereits 1848 eingetreten. Und zwar erschrak die deutsche Bourgeoisie damals nicht so sehr vor dem deutschen, wie vor dem französischen Proletariat. Die Pariser Junischlacht 1848 zeigte ihr, was sie zu erwarten habe; das deutsche Proletariat war gerade erregt genug, um ihr zu beweisen, dass auch hier die Saat für dieselbe Ernte schon im Boden stecke; und von dem Tage an war der politischen Aktion der Bourgeoisie die Spitze abgebrochen. Sie suchte Bundesgenossen, sie verhandelte sich an sie um jeden Preis – und sie ist auch heute noch keinen Schritt weiter.

Diese Bundesgenossen sind sämtlich reaktionärer Natur. Da ist das Königtum mit seiner Armee und seiner Bürokratie, da ist der große Feudaladel, da sind die kleinen Krautjunker, da sind selbst die Pfaffen. Mit allen diesen hat die Bourgeoisie paktiert und vereinbart, nur um ihre liebe Haut zu wahren, bis ihr endlich nichts mehr zu schachern blieb. Und je mehr das Proletariat sich entwickelte, je mehr es anfing, sich als Klasse zu fühlen, als Klasse zu handeln, desto schwachmütiger wurden die Bourgeois. Als die wunderbar schlechte Strategie der Preußen bei Sadowa über die, wunderbarerweise noch schlechtere, der Österreicher siegte, da war es schwer zu sagen, wer froher aufatmete – der preußische Bourgeois, der bei Sadowa mitgeschlagen war, oder der österreichische.

Unsere großen Bürger handeln 1870 noch gerade so wie die Mittelbürger von 1525 gehandelt haben. Was die Kleinbürger, Handwerksmeister und Krämer betrifft, so werden sie sich immer gleich bleiben. Sie hoffen in das Großbürgertum sich emporzuschwindeln, sie fürchten ins Proletariat hinabgestoßen zu werden. Zwischen Furcht und Hoffnung werden sie, während des Kampfes, ihre werte Haut salvieren und nach dem Kampf sich dem Sieger anschließen. Das ist ihre Natur.

Mit dem Aufschwung der Industrie seit 1848 hat Schritt gehalten die soziale und politische Aktion des Proletariats. Die Rolle, die die deutschen Arbeiter heute in ihren Gewerkvereinen, Genossenschaften, politischen Vereinen und Versammlungen, bei den Wahlen und im sogenannten Reichstag spielen, beweist allein, welche Umwälzung Deutschland in den letzten zwanzig Jahren unvermerkt erlitten hat. Es gereicht den deutschen Arbeitern zur höchsten Ehre, dass s i e a l l e i n es durchgesetzt haben, Arbeiter und Vertreter der Arbeiter ins Parlament zu schicken, während weder Franzosen noch Engländer dies bis jetzt fertigbrachten.

Aber auch das Proletariat ist der Parallele mit 1525 noch nicht entwachsen. Die ausschließlich und lebenslänglich auf den Arbeitslohn angewiesene Klasse bildet noch immer bei weitem nicht die Mehrzahl des deutschen Volkes. Sie ist also auch auf Bundesgenossen angewiesen. Und diese können nur gesucht werden unter den Kleinbürgern, unter dem Lumpenproletariat der Städte, unter den kleinen Bauern und den Ackerbautagelöhnern.

Von den K l e i n b ü r g e r n haben wir schon gesprochen. Sie sind höchst unzuverlässig, ausgenommen wenn man gesiegt hat, dann ist ihr Geschrei in den Bierkneipen unermesslich. Trotzdem gibt es unter ihnen sehr gute Elemente, die sich den Arbeitern von selbst anschließen.

20

Das L u m p e n p r o l e t a r i a t, dieser Abhub der verkommenen Subjekte aller Klassen, der sein Hauptquartier in den großen Städten aufschlägt, ist von allen möglichen Bundesgenossen der schlimmste. Dieses Gesindel ist absolut käuflich und absolut zudringlich. Wenn die französischen Arbeiter bei jeder Revolution an die Häuser schrieben: *Mort aux voleurs!* Tod den Dieben! und auch manche erschossen, so geschah das nicht aus Begeisterung für das Eigentum, sondern in der richtigen Erkenntnis, dass man vor allem sich diese Bande vom Hals halten müsse. Jeder Arbeiterführer, der diese Lumpen als Garde verwendet oder sich auf sie stützt, beweist sich schon dadurch als Verräter an der Bewegung.

Die k l e i n e n B a u e r n – denn die größeren gehören zur Bourgeoisie – sind verschiedener Art. Entweder sind sie F e u d a l b a u e r n und haben dem gnädigen Herrn noch Frondienste zu leisten. Nachdem die Bourgeoisie versäumt hat, was ihre Schuldigkeit war, diese Leute von der Fronknechtschaft zu erlösen, wird es nicht schwer sein, sie zu überzeugen, dass sie nur noch von der Arbeiterklasse Erlösung zu erwarten haben.

Oder sie sind P ä c h t e r. In diesem Fall existiert meist dasselbe Verhältnis wie in Irland. Die Pacht ist so hoch getrieben, dass der Bauer mit seiner Familie bei Mittelernten nur eben knapp leben kann, bei schlechten Ernten fast verhungert, die Pacht nicht zahlen kann und dadurch ganz von der Gnade des Grundbesitzers abhängig wird. Für solche Leute tut die Bourgeoisie nur dann etwas, wenn sie dazu gezwungen wird. Von wem sollen sie Heil erwarten, außer von den Arbeitern?

Bleiben die Bauern, welche ihren e i g e n e n k l e i n e n G r u n d b e s i t z bewirtschaften. Diese sind meistens so mit Hypotheken belastet, dass sie vom Wucherer ebenso abhängen wie die Pächter vom Grundherrn. Auch ihnen bleibt nur ein knapper und noch dazu wegen der guten und schlechten Jahre äußerst unsicherer Arbeitslohn. Sie können am allerwenigsten von der Bourgeoisie etwas erwarten, denn sie werden ja gerade von den Bourgeois, den wuchernden Kapitalisten ausgesogen. Aber sie hängen meist sehr an ihrem Eigentum, obwohl es in Wirklichkeit nicht ihnen gehört, sondern dem Wucherer. Dennoch wird ihnen beizubringen sein, dass sie nur dann vom Wucherer befreit werden können, wenn eine vom Volk abhängige Regierung die sämtlichen Hypothekenschulden in eine Schuld an den Staat verwandelt und dadurch den Zinsfuß erniedrigt. Und dies kann nur die Arbeiterklasse durchsetzen.

Überall wo mittlerer und großer Grundbesitz herrscht, machen die Ackerbautaglöhner die zahlreichste Klasse auf dem Lande aus. Dies ist in ganz Nord- und Ostdeutschland der Fall und hier finden die Industrie-Arbeiter der Städte ihre zahlreichsten und natürlichsten Bundesgenossen. Wie der Kapitalist dem industriellen Arbeiter, so steht der Grundbesitzer oder Großpächter dem Ackerbautaglöhner gegenüber. Dieselben Maßregeln, die dem einen helfen, müssen auch dem anderen helfen. Die industriellen Arbeiter können sich nur befreien, wenn sie das Kapital der Bourgeois, d.h. die Rohprodukte, Maschinen und Werkzeuge, und Lebensmittel, welche zur Produktion erforderlich sind, in das Eigentum der Gesellschaft, d.h. in ihr eigenes, von ihnen gemeinsam benutztes verwandeln. Ebenso können die Landarbeiter nur aus ihrem scheußlichen Elend erlöst werden, wenn vor allem ihr Hauptarbeitsgegenstand, das Land selbst, dem Privatbesitz der großen Bauern und noch größeren Feudalherren entzogen und in gesellschaftliches Eigentum verwandelt, und von Genossenschaften von Landarbeitern für ihre gemeinsame Rechnung bebaut wird. Und hier kommen wir auf den berühmten Beschluss des Baseler internationalen Arbeiterkongresses: dass die Gesellschaft das Interesse habe, das Grundeigentum in gemeinsames, nationales Eigentum zu verwandeln. Dieser Beschluss ist gefasst worden hauptsächlich für die Länder, wo großes Grundeigentum und, damit zusammenhängend, Bewirtschaftung großer Güter besteht und auf diesen großen Gütern ein Herr und viele Tagelöhner. Dieser Zustand ist aber im Ganzen und Großen in Deutschland noch immer vorherrschend, und daher war der Beschluss, nächst England, gerade für Deutschland höchst zeitgemäß. Das Ackerbauproletariat, die Landtaglöhner – das ist die Klasse, aus der sich die Armeen der Fürsten der großen Masse nach rekrutieren. Das ist die Klasse, die jetzt die große Menge der Feudalherren und Junker kraft des allgemeinen Stimmrechts ins Parlament schickt; das ist aber auch die Klasse, die den industriellen Arbeitern der Städte am nächsten steht, die mit ihnen dieselben Lebensbedingungen teilt, die sogar noch tiefer im Elend steckt als sie. Diese Klasse, die ohnmächtig ist, weil sie zersplittert und zerstreut ist, deren verborgene Macht Regierung und Adel so gut kennen, dass sie absichtlich die Schulen verkommen lassen, damit sie nur ja unwissend bleibe, diese Klasse lebendig zu machen und in die Bewegung hineinzuziehen, das ist die nächste dringendste Aufgabe der deutschen Arbeiterbewegung. Von dem Tage an, wo die Masse der Landtaglöhner ihre eigenen Interessen verstehen gelernt hat, von dem Tage an ist eine reaktionäre, feudale, bürokratische oder bürgerliche Regierung in Deutschland unmöglich.

Der deutsche Bauernkrieg

Auch das deutsche Volk hat seine revolutionäre Tradition. Es gab eine Zeit, wo Deutschland Charaktere hervorbrachte, die sich den besten Leuten der Revolutionen anderer Länder an die Seite stellen können, wo das deutsche Volk eine Ausdauer und Energie entwickelte, die bei einer zentralisierten Nation die großartigsten Resultate erzeugt hätte, wo deutsche Bauern und Plebejer mit Ideen und Plänen schwanger gingen, vor denen ihre Nachkommen oft genug zurückschaudern.

Es ist an der Zeit, gegenüber der momentanen Erschlaffung, die sich nach zwei Jahren des Kampfes fast überall zeigt, die ungefügen, aber kräftigen und zähen Gestalten des großen Bauernkriegs dem deutschen Volke wieder vorzuführen. Drei Jahrhunderte sind seitdem verflossen, und manches hat sich geändert; und doch steht der Bauernkrieg unseren heutigen Kämpfen so überaus fern nicht, und die zu bekämpfenden Gegner sind großenteils noch dieselben. Die Klassen und Klassenfraktionen, die 1848 und 49 überall verraten haben, werden wir schon 1525, wenn auch auf einer niedrigeren Entwicklungsstufe, als Verräter vorfinden. Und wenn der robuste Vandalismus des Bauernkriegs in der Bewegung der letzten Jahre nur stellenweise, im Odenwald, im Schwarzwald, in Schlesien zu seinem Rechte kam, so ist das jedenfalls kein Vorzug der modernen Insurrektion.

I

Gehen wir zunächst kurz zurück auf die Verhältnisse Deutschlands zu Anfang des sechzehnten Jahrhunderts.

Die deutsche Industrie hatte im vierzehnten und fünfzehnten Jahrhundert einen bedeutenden Aufschwung genommen. An die Stelle der feudalen, ländlichen Lokalindustrie war der zünftige Gewerbebetrieb der Städte getreten, der für weitere Kreise und selbst für entlegenere Märkte produzierte. Die Weberei von groben Wollentüchern und Leinwand war ein stehender, weitverbreiteter Industriezweig geworden, und selbst feinere Wollen- und Leinengewebe sowie Seidenstoffe wurden schon in Augsburg verfertigt. Neben der Weberei hatte sich besonders jene an die Kunst anstreifende Industrie gehoben, die in dem geistlichen und weltlichen Luxus des späteren Mittelalters ihre Nahrung fand: die der Gold- und Silberarbeiter, der Bildhauer und Bildschnitzer, Kupferstecher und Holzschneider, Waffenschmiede, Medaillierer, Drechsler usw. usw. Eine Reihe von mehr oder minder bedeutenden Erfindungen, deren historische Glanzpunkte die des Schießpulvers und der Buchdruckerei bildeten, hatte zur Hebung der Gewerbe wesentlich beigetragen. Der Handel ging mit der Industrie gleichen Schritt. Die Hanse hatte durch ihr hundertjähriges Seemonopol die Erhebung von ganz Norddeutschland aus der mittelalterlichen Barbarei sichergestellt; und wenn sie auch schon seit Ende des fünfzehnten Jahrhunderts der Konkurrenz der Engländer und Holländer rasch zu erliegen anfing, so ging doch trotz Vasco de Gamas Entdeckungen der große Handelsweg von Indien nach dem Norden immer noch durch Deutschland, so war Augsburg noch immer der große Stapelplatz für italienische Seidenzeuge, indische Gewürze, und alle Produkte der Levante. Die oberdeutschen Städte, namentlich Augsburg und Nürnberg, waren die Zentren eines für jene Zeit ansehnlichen Reichtums und Luxus. Die Gewinnung der Rohprodukte hatte sich ebenfalls bedeutend gehoben. Die deutschen Bergleute waren im fünfzehnten Jahrhundert die geschicktesten der Welt, und auch den Ackerbau hatte das Aufblühen der Städte aus der ersten mittelalterlichen Roheit herausgerissen. Nicht nur waren ausgedehnte Strecken urbar gemacht worden, man baute auch Farbekräuter und andere eingeführte Pflanzen, deren sorgfältigere Kultur auf den Ackerbau im Allgemeinen günstig einwirkte.

Der Aufschwung der nationalen Produktion Deutschlands hatte indes noch immer nicht Schritt gehalten mit dem Aufschwung anderer Länder. Der Ackerbau stand weit hinter dem englischen und niederländischen, die Industrie hinter der italienischen, flämischen und englischen zurück, und im Seehandel fingen die Engländer und besonders die Holländer schon an, die Deutschen aus dem Felde zu schlagen. Die Bevölkerung war immer noch sehr dünn gesät. Die Zivilisation in Deutschland existierte nur sporadisch, um einzelne Zentren der Industrie und des Handels gruppiert; die Interessen dieser einzelnen Zentren selbst gingen weit auseinander, hatten kaum hier und da einen Berührungspunkt. Der Süden hatte ganz andere Handelsverbindungen und Absatzmärkte als der Norden; der Osten und der Westen standen fast außer allem Verkehr. Keine einzige Stadt kam in den Fall, der industrielle und kommerzielle Schwerpunkt des ganzen Landes zu werden, wie London dies z. B. für England schon war. Der ganze innere Verkehr beschränkte sich fast ausschließlich auf die Küsten- und Flussschifffahrt und auf die paar großen Handelsstraßen, von Augsburg und Nürnberg über Köln nach den Niederlanden und über Erfurt nach dem Norden. Weiter ab von den Flüssen und Handelsstraßen lag eine Anzahl kleinerer Städte, die, vom großen Verkehr ausgeschlossen, ungestört in den Lebensbedingungen des späteren Mittelalters fortvegetierten, wenig auswärtige Waren brauchten, wenig Ausfuhrprodukte lieferten. Von der Landbevölkerung kam nur der Adel in Berührung mit ausgedehnteren Kreisen und neuen Bedürfnissen; die Masse der Bauern kam nie über die nächsten Lokalbeziehungen und den damit verbundenen lokalen Horizont hinaus.

Während in England und Frankreich das Emporkommen des Handels und der Industrie die Verkettung der Interessen über das ganze Land und damit die politische Zentralisation zur Folge hatte, brachte Deutschland es nur zur Gruppierung der Interessen nach Provinzen, um bloß lokale Zentren, und damit zur politischen Zersplitterung; einer Zersplitterung, die bald darauf durch den Ausschluss Deutschlands vom Welthandel sich erst recht festsetzte. In demselben Maß, wie das r e i n f e u d a l e Reich zerfiel, löste sich der Reichsverband überhaupt auf, verwandelten sich die großen Reichslehenträger in beinahe unabhängige Fürsten, schlossen einerseits die Reichsstädte, andererseits die Reichsritter Bündnisse, bald gegeneinander, bald gegen die Fürsten oder den Kaiser. Die Reichsgewalt, selbst an ihrer Stellung irre geworden, schwankte unsicher zwischen den verschiedenen Elementen, die das Reich ausmachten, und verlor dabei immer mehr an Autorität; ihr Versuch, in der Art Ludwigs XI. zu zentralisieren, kam trotz aller Intrigen und Gewalttätigkeiten nicht über die Zusammenhaltung der österreichischen Erblande hinaus. Wer in dieser Verwirrung, in diesen zahllosen sich durchkreuzenden Konflikten schließlich gewann und gewinnen musste, das waren die Vertreter der Zentralisation innerhalb der Zersplitterung, der lokalen und provinziellen Zentralisation, die Fürsten, neben denen der Kaiser selbst immer mehr ein Fürst wie die anderen wurde.

Unter diesen Verhältnissen hatte sich die Stellung der aus dem Mittelalter überlieferten Klassen wesentlich verändert, und neue Klassen hatten sich neben den alten gebildet.

Aus dem hohen Adel waren die Fürsten hervorgegangen. Sie waren schon fast ganz unabhängig vom Kaiser und im Besitz der meisten Hoheitsrechte. Sie machten Krieg und Frieden auf eigene Faust, hielten stehende Heere, riefen Landtage zusammen und schrieben Steuern aus. Einen großen Teil des niederen Adels und der Städte hatten sie bereits in ihre Botmäßigkeit gebracht; sie wandten fortwährend jedes Mittel an, um die noch übrigen reichsunmittelbaren Städte und Baronien ihrem Gebiet einzuverleiben. Diesen gegenüber zentralisierten sie, wie sie gegenüber der Reichsgewalt dezentralisierend auftraten. Nach innen war ihre Regierung schon sehr willkürlich. Sie riefen die Stände meist nur zusammen, wenn sie sich nicht anders helfen konnten. Sie schrieben Steuern aus und nahmen Geld auf, wenn es ihnen gutdünkte; das Steuerbewilligungsrecht der Stände wurde selten anerkannt und kam noch seltener zur Ausübung. Und selbst dann hatte der Fürst gewöhnlich die Majorität durch die beiden steuerfreien und am Genuss der Steuern teilnehmenden Stände, die Ritterschaft und die Prälaten. Das Geldbedürfnis der Fürsten wuchs mit dem Luxus und der Ausdehnung des Hofhaltes, mit den stehenden Heeren, mit den wachsenden Kosten der Regierung. Die Steuern wurden immer drückender. Die Städte waren meist dagegen geschützt durch ihre Privilegien; die ganze Wucht der Steuerlast fiel auf die Bauern, sowohl auf die Dominialbauern der Fürsten selbst wie auch auf die Leibeigenen und Hörigen der lehnspflichtigen Ritter. Wo die direkte Besteuerung nicht ausreichte, trat die indirekte ein; die raffiniertesten Manöver der Finanzkunst wurden angewandt, um den löcherigen Fiskus zu füllen. Wenn alles nicht half, wenn nichts mehr zu versetzen war und keine freie Reichsstadt mehr Kredit geben wollte, so schritt man zu Münzoperationen der schmutzigsten Art, schlug schlechtes Geld, machte hohe oder niedrige Zwangskurse, je nachdem es dem Fiskus konvenierte. Der Handel mit städtischen und sonstigen Privilegien, die man nachher gewaltsam wieder zurücknahm, um sie abermals für teueres Geld zu verkaufen, die Ausbeutung jedes Oppositionsversuchs zu Brandschatzungen und Plünderungen aller Art usw. usw. waren ebenfalls einträgliche und alltägliche Geldquellen für die Fürsten jener Zeit. Auch die Justiz war ein stehender und nicht unbedeutender Handelsartikel für die Fürsten. Kurz die damaligen Untertanen, die außerdem noch der Privathabgier der fürstlichen Vögte und Amtleute zu genügen hatten, bekamen alle Segnungen des „väterlichen" Regierungssystems im vollsten Maße zu kosten.

Aus der feudalen Hierarchie des Mittelalters war der mittlere Adel fast ganz verschwunden; er hatte sich entweder zur Unabhängigkeit kleiner Fürsten emporgeschwungen, oder war in die Reihen des niederen Adels herabgesunken. Der n i e d e r e A d e l , die R i t t e r s c h a f t , ging ihrem Verfall rasch entgegen. Ein großer Teil war schon gänzlich verarmt und lebte bloß vom Fürstendienst in militärischen oder bürgerlichen Ämtern; ein anderer stand in der Lehenspflicht und Botmäßigkeit der Fürsten; der kleinere war reichsunmittelbar. Die Entwicklung des Kriegswesens, die steigende Bedeutung der Infanterie, die Ausbildung der Feuerwaffe beseitigte die Wichtigkeit ihrer militärischen Leistungen als schwere Kavallerie und vernichtete zugleich die Uneinnehmbarkeit ihrer Burgen. Gerade wie die Nürnberger Handwerker, wurden die Ritter durch den Fortschritt der Industrie überflüssig gemacht. Das Geldbedürfnis der Ritterschaft trug zu ihrem Ruin bedeutend bei. Der Luxus auf den Schlössern, der Wetteifer in der Pracht bei den Turnieren und Festen, der Preis der Waffen und Pferde stieg mit den Fortschritten der Zivilisation, während die Einkommensquellen der Ritter und Barone wenig oder gar nicht zunahmen. Fehden mit obligater Plünderung und Brandschatzung, Wegelagern und ähnliche noble Beschäftigungen wurden mit der Zeit zu gefährlich. Die Abgaben und Leistungen der herrschaftlichen Untertanen brachten kaum mehr ein als früher. Um ihre zunehmenden Bedürfnisse zu decken, mussten die gnädigen Herren zu denselben Mitteln ihre Zuflucht nehmen wie die Fürsten. Die Bauernschinderei durch den Adel wurde mit jedem Jahr weiter ausgebildet. Die Leibeigenen wurden bis auf den letzten Blutstropfen ausgesogen, die Hörigen mit neuen Abgaben und Leistungen unter allerlei Vorwänden und Namen belegt. Die Fronen, Zinsen, Gülten, Laudemien, Sterbfallabgaben, Schutzgelder usw. wurden allen alten Verträgen zum Trotz willkürlich erhöht. Die Justiz wurde verweigert oder verschachert, und wo der Ritter dem Geld des Bauern sonst nicht beikommen konnte, warf er ihn ohne weiteres in den Turm und zwang ihn, sich loszukaufen.

Mit den übrigen Ständen lebte der niedere Adel ebenfalls auf keinem freundschaftlichen Fuß. Der lehnspflichtige Adel suchte sich reichsunmittelbar zu machen, der reichsunmittelbare seine Unabhängigkeit zu wahren; daher fortwährende Streitigkeiten mit den Fürsten. Der Geistlichkeit, die dem Ritter in ihrer damaligen aufgeblähten Gestalt als ein rein überflüssiger Stand erschien, beneidete er ihre großen Güter, ihre durch das Zölibat und die Kirchenverfassung zusammengehaltenen Reichtümer. Mit den Städten lag er sich fortwährend in den Haaren; er war ihnen verschuldet, er nährte sich von der Plünderung ihres Gebiets, von der Beraubung ihrer Kaufleute, vom Lösegeld der ihnen in den Fehden abgenommenen Gefangenen. Und der Kampf der Ritterschaft gegen alle diese Stände wurde umso heftiger, je mehr die Geldfrage auch bei ihr eine Lebensfrage wurde. –

Die Geistlichkeit, die Repräsentantin der Ideologie des mittelalterlichen Feudalismus, fühlte den Einfluss des geschichtlichen Umschwungs nicht minder. Durch die Buchdruckerei und die Bedürfnisse des ausgedehnteren Handels war ihr das Monopol nicht nur des Lesens und Schreibens, sondern der höheren Bildung genommen. Die Teilung der Arbeit trat auch auf intellektuellem Gebiet ein. Der neuaufkommende Stand der Juristen verdrängte sie aus einer Reihe der einflussreichsten Ämter. Auch sie fing an zum großen Teil überflüssig zu werden, und erkannte dies selbst an durch ihre stets wachsende Faulheit und Unwissenheit. Aber je überflüssiger sie wurde, desto zahlreicher wurde sie – dank ihren enormen Reichtümern, die sie durch Anwendung aller möglichen Mittel noch fortwährend vermehrte.

In der Geistlichkeit gab es zwei durchaus verschiedene Klassen. Die geistliche Feudalhierarchie bildete die aristokratische Klasse: die Bischöfe und Erzbischöfe, die Äbte, Prioren und sonstigen Prälaten. Diese hohen Würdenträger der Kirche waren entweder selbst Reichsfürsten, oder sie beherrschten als Feudalherren unter der Oberhoheit anderer Fürsten große Strecken Landes mit zahlreichen Leibeigenen und Hörigen. Sie beuteten ihre Untergebenen nicht nur ebenso rücksichtslos aus wie der Adel und die Fürsten, sie gingen noch viel schamloser zu Werke. Neben der brutalen Gewalt wurden alle Schikanen der Religion, neben den Schrecken der Folter alle Schrecken des Bannfluchs und der verweigerten Absolution, alle Intrigen des Beichtstuhls in Bewegung gesetzt, um den Untertanen den letzten Pfennig zu entreißen oder das Erbteil der Kirche zu mehren. Urkundenfälschung war bei diesen würdigen Männern ein gewöhnliches und beliebtes Mittel der Prellerei. Aber obgleich sie außer den gewöhnlichen Feudalleistungen und Zinsen noch den Zehnten bezogen, reichten alle diese Einkünfte noch nicht aus. Die Fabrikation wundertätiger Heiligenbilder und Reliquien, die Organisation seligmachender Betstationen, der Ablassschacher wurde zu Hilfe genommen, um dem Volk vermehrte Abgaben zu entreißen, und lange Zeit mit bestem Erfolg.

Diese Prälaten und ihre zahllose, mit der Ausbreitung der politischen und religiösen Hetzereien stets verstärkte Gendarmerie von Mönchen waren es, auf die der Pfaffenhass nicht nur des Volkes, sondern auch des Adels sich konzentrierte. Soweit sie reichsunmittelbar, standen sie dem Fürsten im Weg. Das flotte Wohlleben der beleibten Bischöfe und Äbte und ihrer Mönchsarmee erregte den Neid des Adels und empörte das Volk, das die Kosten davon tragen musste, umso mehr, je schreiender es ihren Predigten ins Gesicht schlug.

Die p l e b e j i s c h e Fraktion der Geistlichkeit bestand aus den Predigern auf dem Lande und in den Städten. Sie standen außerhalb der feudalen Hierarchie der Kirche und hatten keinen Anteil an ihren Reichtümern. Ihre Arbeit war weniger kontrolliert und, so wichtig sie der Kirche war, im Augenblick weit weniger unentbehrlich als die Polizeidienste der einkasernierten Mönche. Sie wurden daher weit schlechter bezahlt, und ihre Pfründen waren meist sehr knapp. Bürgerlichen oder plebejischen Ursprungs, standen sie so der Lebenslage der Masse nahe genug, um trotz ihres Pfaffentums bürgerliche und plebejische Sympathien zu bewahren. Die Beteiligung an den Bewegungen der Zeit, bei den Mönchen nur Ausnahme, war bei ihnen Regel. Sie lieferten die Theoretiker und Ideologen der Bewegung und viele von ihnen, Repräsentanten der Plebejer und Bauern, starben dafür auf dem Schafott. Der Volkshass gegen die Pfaffen wendet sich auch nur in einzelnen Fällen gegen sie. –

Wie über den Fürsten und dem Adel der Kaiser, so stand über den hohen und niedrigen Pfaffen der P a p s t. Wie dem Kaiser der „gemeine Pfennig", die Reichssteuern, bezahlt wurden, so dem Papst die allgemeinen Kirchensteuern, aus denen er den Luxus am römischen Hof bestritt. In keinem Lande wurden diese Kirchensteuern – dank der Macht und Zahl der Pfaffen – mit größerer Gewissenhaftigkeit und Strenge eingetrieben als in Deutschland. So besonders die Annaten bei Erledigung der Bistümer. Mit den steigenden Bedürfnissen wurden dann neue Mittel zur Beschaffung des Geldes erfunden: Handel mit Reliquien, Ablass- und Jubelgelder usw. Große Summen wanderten so alljährlich aus Deutschland nach Rom, und der hierdurch vermehrte Druck steigerte nicht nur den Pfaffenhass, er erregte auch das Nationalgefühl, besonders des Adels, des damals nationalsten Standes. –

Aus den ursprünglichen Pfahlbürgern der mittelalterlichen Städte hatten sich mit dem Aufblühen des Handels und der Gewerbe drei scharfgesonderte Fraktionen entwickelt.

An der Spitze der städtischen Gesellschaft standen die p a t r i z i - s c h e n   G e s c h l e c h t e r, die sogenannte „E h r b a r k e i t". Sie waren die reichsten Familien. Sie allein saßen im Rat und in allen städtischen Ämtern. Sie verwalteten daher nicht bloß die Einkünfte der Stadt, sie verzehrten sie auch. Stark durch ihren Reichtum, durch ihre althergebrachte, von Kaiser und Reich anerkannte aristokratische Stellung, beuteten sie sowohl die Stadtgemeinde wie die der Stadt untertänigen Bauern auf jede Weise aus. Sie trieben Wucher in Korn und Geld, nahmen sich Monopole aller Art, entzogen der Gemeinde nacheinander alle Anrechte auf Mitbenutzung der städtischen Wälder und Wiesen und benutzten diese direkt zu ihrem eigenen Privatvorteil, legten willkürlich Weg-, Brücken- und Torzölle und andere Lasten auf und trieben Handel mit Zunftprivilegien, Meisterschafts- und Bürgerrechten und mit der Justiz. Mit den Bauern des Weichbilds gingen sie nicht schonender um als der Adel oder die Pfaffen; im Gegenteil, die städtischen Vögte und Amtleute auf den Dörfern, lauter Patrizier, brachten zu der aristokratischen Härte und Habgier noch eine gewisse bürokratische Genauigkeit in der Eintreibung mit. Die so zusammengebrachten städtischen Einkünfte wurden mit der höchsten Willkür verwaltet; die Verrechnung in den städtischen Büchern, eine reine Förmlichkeit, war möglichst nachlässig und verworren; Unterschleife und Kassendefekte waren an der Tagesordnung. Wie leicht es damals einer von allen Seiten mit Privilegien umgebenen, wenig zahlreichen und durch Verwandtschaft und Interesse eng zusammengehaltenen Kaste war, sich aus den städtischen Einkünften enorm zu bereichern, begreift man, wenn man an die zahlreichen Betrügereien und Unterschleife denkt, die das Jahr 1848 in so vielen städtischen Verwaltungen an den Tag gebracht hat.

Die Patrizier hatten Sorge getragen, die Rechte der Stadtgemeinde besonders in Finanzsachen überall einschlafen zu lassen. Erst später, als die Prellereien dieser Herren zu arg wurden, setzten sich die Gemeinden wieder in Bewegung, um wenigstens die Kontrolle über die städtische

Verwaltung an sich zu bringen. Sie erlangten in den meisten Städten ihre Rechte wirklich wieder. Aber bei den ewigen Streitigkeiten der Zünfte unter sich, bei der Zähigkeit der Patrizier und dem Schutz, den sie beim Reich und den Regierungen der ihnen verbündeten Städte fanden, stellten die patrizischen Ratsherren sehr bald ihre alte Alleinherrschaft faktisch wieder her, sei es durch List, sei es durch Gewalt. Im Anfang des sechzehnten Jahrhunderts befand sich die Gemeinde in allen Städten wieder in der Opposition. –

Die städtische Opposition gegen das Patriziat teilte sich in zwei Fraktionen, die im Bauernkrieg sehr bestimmt hervortreten.

Die bürgerliche Opposition, die Vorgängerin unserer heutigen Liberalen, umfasste die reicheren und mittleren Bürger sowie einen nach den Lokalumständen größeren oder geringeren Teil der Kleinbürger. Ihre Forderungen hielten sich rein auf verfassungsmäßigem Boden. Sie verlangten die Kontrolle über die städtische Verwaltung und einen Anteil an der gesetzgebenden Gewalt, sei es durch die Gemeindeversammlung selbst oder durch eine Gemeindevertretung (großer Rat, Gemeindeausschuss); ferner Beschränkung der patrizischen Günstlingswirtschaft einiger weniger Familien, die selbst innerhalb des Patriziats immer offener hervortrat. Höchstens verlangten sie außerdem noch die Besetzung einiger Ratsstellen durch Bürger aus ihrer eigenen Mitte. Diese Partei, der sich hier und da die unzufriedene und heruntergekommene Fraktion des Patriziats anschloss, hatte in allen ordentlichen Gemeindeversammlungen und auf den Zünften die große Majorität. Die Anhänger des Rats und die radikalere Opposition zusammen waren unter den wirklichen B ü r g e r n bei weitem die Minderzahl.

Wir werden sehen, wie während der Bewegung des sechzehnten Jahrhunderts diese „gemäßigte", „gesetzliche", „wohlhabende" und „intelligente" Opposition genau dieselbe Rolle spielt und genau mit demselben Erfolg, wie ihre Erbin, die konstitutionelle Partei, in der Bewegung von 1848 und 1849.

Im Übrigen eiferte die bürgerliche Opposition noch sehr ernstlich wider die Pfaffen, deren faules Wohlleben und lockere Sitten ihr großes Ärgernis gaben. Sie verlangte Maßregeln gegen den skandalösen Lebenswandel dieser würdigen Männer. Sie forderte, dass die eigene Gerichtsbarkeit und die Steuerfreiheit der Pfaffen abgeschafft und die Zahl der Mönche überhaupt beschränkt werde.

Die p l e b e j i s c h e O p p o s i t i o n bestand aus den heruntergekommenen Bürgern und der Masse der städtischen Bewohner, die vom Bürgerrechte ausgeschlossen war: den Handwerksgesellen, den Tagelöhnern und den zahlreichen Anfängen des Lumpenproletariats, die sich selbst auf den untergeordneten Stufen der städtischen Entwicklung vorfinden. Das Lumpenproletariat ist überhaupt eine Erscheinung, die, mehr oder weniger ausgebildet, in fast allen bisherigen Gesellschaftsphasen vorkommt. Die Menge von Leuten ohne bestimmten Erwerbszweig oder festen Wohnsitz wurde gerade damals sehr vermehrt durch das Zerfallen des Feudalismus in einer Gesellschaft, in der noch jeder Erwerbszweig, jede Lebenssphäre hinter einer Unzahl von Privilegien verschanzt war. In allen entwickelten Ländern war die Zahl der Vagabunden nie so groß gewesen wie in der ersten Hälfte des sechzehnten Jahrhunderts. Ein Teil dieser Landstreicher trat in Kriegszeiten in die Armeen, ein anderer bettelte sich durchs Land, der dritte suchte in den Städten durch Taglöhnerarbeit und was sonst gerade nicht zünftig war, seine notdürftige Existenz. Alle drei spielen eine Rolle im Bauernkrieg: der erste in den Fürstenarmeen, denen die Bauern erlagen, der zweite in den Bauernverschwörungen und Bauernhaufen, wo ihr demoralisierender Einfluss jeden Augenblick hervortritt, der dritte in den Kämpfen der städtischen Parteien. Es ist übrigens nicht zu vergessen, dass ein großer Teil dieser Klasse, namentlich der in den Städten lebende, damals noch einen bedeutenden Kern gesunder Bauernnatur besaß und noch lange nicht die Käuflichkeit und Verkommenheit des heutigen, zivilisierten Lumpenproletariats entwickelt hatte.

Man sieht, die plebejische Opposition der damaligen Städte bestand aus sehr gemischten Elementen. Sie vereinigte die verkommenen Bestandteile der alten, feudalen und zünftigen Gesellschaft mit dem noch unentwickelten, kaum emportauchenden proletarischen Element der aufkeimenden, modernen bürgerlichen Gesellschaft. Verarmte Zunftbürger, die noch durch das Privilegium mit der bestehenden bürgerlichen Ordnung zusammenhingen, auf der einen Seite; verstoßene Bauern und abgedankte Dienstleute, die noch nicht zu Proletariern werden konnten, auf der anderen. Zwischen beiden die Gesellen, momentan außerhalb der offiziellen Gesellschaft stehend und sich in ihrer Lebenslage dem Proletariat so sehr nähernd wie dies bei der damaligen Industrie und unter dem Zunftprivilegium möglich; aber zu gleicher Zeit fast lauter zukünftige, bürgerliche Meister, kraft eben dieses Zunftprivilegiums. Die Parteistellung dieses Gemisches von Elementen war daher notwendig höchst unsicher und je nach der Lokalität verschieden. Vor dem Bauernkrieg tritt die plebejische Opposition in den politischen Kämpfen nicht als Partei, sie tritt nur als lärmender, plünderungssüchtiger, mit einigen Fässern Wein an- und abkäuflicher Schwanz der bürgerlichen Opposition auf. Erst die Aufstände der Bauern machen sie zur Partei, und auch da ist sie fast überall in ihren Forderungen und ihrem Auftreten abhängig von den Bauern – ein merkwürdiger Beweis, wie sehr damals die Stadt noch abhängig vom Lande war. Soweit sie selbständig auftritt, verlangt sie die Herstellung der städtischen Gewerbsmonopole auf dem Lande, will sie die städtischen Einkünfte nicht durch Abschaffung der Feudallasten im Weichbild geschmälert wissen usw.; kurz, so weit ist sie reaktionär, ordnet sie sich ihren eigenen kleinbürgerlichen Elementen unter und liefert damit ein charakteristisches Vorspiel zu der Tragikomödie, die die moderne Kleinbürgerschaft seit drei Jahren unter der Firma der Demokratie aufführt.

Nur in Thüringen unter dem direkten Einfluss Münzers und an einzelnen anderen Orten unter dem seiner Schüler wurde die plebejische Fraktion der Städte von dem allgemeinen Sturm soweit fortgerissen, dass das embryonische, proletarische Element in ihr momentan die Oberhand über alle anderen Faktoren der Bewegung bekam. Diese Episode, die den Kulminationspunkt des ganzen Bauernkrieges bildet und sich um seine großartigste Gestalt, um T h o m a s   M ü n z e r, gruppiert, ist zugleich die kürzeste. Es versteht sich, dass sie am schnellsten zusammenbrechen, und dass sie zu gleicher Zeit ein vorzugsweise phantastisches Gepräge tragen, dass der Ausdruck ihrer Forderungen höchst unbestimmt bleiben muss; gerade sie fand am wenigsten festen Boden in den damaligen Verhältnissen.

Unter allen diesen Klassen, mit Ausnahme der letzten, stand die große ausgebeutete Masse der Nation: die B a u e r n. Auf dem Bauer lastete der ganze Schichtenbau der Gesellschaft: Fürsten, Beamte, Adel, Pfaffen, Patrizier und Bürger. Ob er der Angehörige eines Fürsten, eines Reichsfreiherrn, eines Bischofs, eines Klosters, einer Stadt war, er wurde überall wie eine Sache, wie ein Lasttier behandelt, und schlimmer. War er Leibeigener, so war er seinem Herrn auf Gnade und Ungnade zur Verfügung gestellt. War er Höriger, so waren schon die gesetzlichen, vertragsmäßigen Leistungen hinreichend, ihn zu erdrücken; aber diese Leistungen wurden täglich vermehrt. Den größten Teil seiner Zeit musste er auf den

Gütern des Herrn arbeiten, von dem, was er sich in den wenigen freien Stunden erwarb, mussten Zehnten, Zins, Gült, Bede, Reisegeld (Kriegssteuer), Landessteuer und Reichssteuer gezahlt werden. Er konnte nicht heiraten und nicht sterben, ohne dass dem Herrn gezahlt wurde. Er musste, außer den regelmäßigen Frondiensten, für den gnädigen Herrn Streu sammeln, Erdbeeren sammeln, Heidelbeeren sammeln, Schneckenhäuser sammeln, das Wild zur Jagd treiben, Holz hacken usw. Fischerei und Jagd gehörten dem Herrn; der Bauer musste ruhig zusehen, wenn das Wild seine Ernte zerstörte. Die Gemeindeweiden und Waldungen der Bauern waren fast überall gewaltsam von den Herren weggenommen worden. Und wie über das Eigentum, so schaltete der Herr willkürlich über die Person des Bauern, über die seiner Frau und seiner Töchter. Er hatte das Recht der ersten Nacht. Er warf ihn in den Turm, wenns ihm beliebte, wo ihn mit derselben Sicherheit, wie jetzt der Untersuchungsrichter, damals die Folter erwartete. Er schlug ihn tot oder ließ ihn köpfen, wenns ihm beliebte. Von jenen erbaulichen Kapiteln der Carolina, die da „von Ohrenabschneiden", „von Nasenabschneiden", „von Augenausstechen", „von Abhacken der Finger und der Hände", „von Köpfen", „von Rädern", „von Verbrennen", „von Zwicken mit glühenden Zangen", „von Vierteilen" usw. handeln, ist kein einziges, das der gnädige Leib- oder Schirmherr nicht nach Belieben gegen seine Bauern angewandt hätte. Wer sollte ihn schützen? In den Gerichten saßen Barone, Pfaffen, Patrizier oder Juristen, die wohl wussten, wofür sie bezahlt wurden. Alle offiziellen Stände des Reichs lebten ja von der Aussaugung der Bauern.

Die Bauern, knirschend unter dem furchtbaren Druck, waren dennoch schwer zum Aufstand zu bringen. Ihre Zersplitterung erschwerte jede gemeinsame Übereinkunft im höchsten Grade. Die lange Gewohnheit der von Geschlecht zu Geschlecht fortgepflanzten Unterwerfung, die Entwöhnung vom Gebrauch der Waffen in vielen Gegenden, die je nach der Persönlichkeit der Herren bald ab-, bald zunehmende Härte der Ausbeutung trug dazu bei, die Bauern ruhig zu erhalten. Wir finden daher im Mittelalter Lokalinsurrektionen der Bauern in Menge, aber – wenigstens in Deutschland – vor dem Bauernkrieg keinen einzigen allgemeinen, nationalen Bauernaufstand. Dazu waren die Bauern allein nicht imstande, eine Revolution zu machen, solange ihnen die organisierte Macht der Fürsten, des Adels und der Städte verbündet und geschlossen entgegenstand. Nur durch eine Allianz mit anderen Ständen konnten sie eine Chance des Sieges bekommen; aber wie sollten sie sich mit anderen Ständen verbinden, da sie von allen gleichmäßig ausgebeutet wurden? –

Wir sehen, die verschiedenen Stände des Reichs: Fürsten Adel, Prälaten, Patrizier, Bürger, Plebejer und Bauern bildeten im Anfang des sechzehnten Jahrhunderts eine höchst verworrene Masse mit den verschiedenartigsten, sich nach allen Richtungen durchkreuzenden Bedürfnissen. Jeder Stand war dem anderen im Wege, lag mit allen anderen in einem fortgesetzten, bald offenen, bald versteckten Kampf. Jene Spaltung der ganzen Nation in zwei große Lager, wie sie beim Ausbruch der ersten Revolution in Frankreich bestand, wie sie jetzt auf einer höheren Entwicklungsstufe in den fortgeschrittensten Ländern besteht, war unter diesen Umständen rein unmöglich; sie konnte selbst annähernd nur dann zustande kommen, wenn die unterste, von allen übrigen Ständen ausgebeutete Schicht der Nation sich erhob: die Bauern und die Plebejer. Man wird die Verwirrung der Interessen, Ansichten und Bestrebungen jener Zeit leicht begreifen, wenn man sich erinnert, welche Konfusion in den lezten zwei Jahren die jetzige, weit weniger komplizierte Zusammensetzung der deutschen Nation aus Feudaladel, Bourgeoisie, Kleinbürgerschaft, Bauern und Proletariat hervorgebracht hat.

II

Die Gruppierung der damals so mannigfaltigen Stände zu größeren Ganzen wurde schon durch die Dezentralisation und die lokale und provinzielle Selbständigkeit, durch die industrielle und kommerzielle Entfremdung der Provinzen voneinander, durch die schlechten Kommunikationen fast unmöglich gemacht. Diese Gruppierung bildet sich erst heraus mit der allgemeinen Verbreitung revolutionärer religiös-politischer Ideen in der Reformation. Die verschiedenen Stände, die sich diesen Ideen anschließen oder entgegenstellen, konzentrieren, freilich nur sehr mühsam und annähernd, die Nation in drei große Lager, in das katholische oder reaktionäre, das lutherische bürgerlich-reformierende und das revolutionäre. Wenn wir auch in dieser großen Zerklüftung der Nation wenig Konsequenz entdecken, wenn wir in den ersten beiden Lagern zum Teil dieselben Elemente finden, so erklärt sich dies aus dem Zustand der Auflösung, in dem sich die meisten, aus dem Mittelalter überlieferten offiziellen Stände befanden, und aus der Dezentralisation, die denselben Ständen an verschiedenen Orten momentan entgegengesetzte Richtungen anwies. Wir haben in den letzten Jahren so häufig ganz ähnliche Tatsachen in Deutschland zu sehen Gelegenheit gehabt, dass uns eine solche scheinbare Durcheinanderwürfelung der Stände und Klassen unter den viel verwickelteren Verhältnissen des sechzehnten Jahrhunderts nicht wundern kann.

Die deutsche Ideologie sieht, trotz der neuesten Erfahrungen, in den Kämpfen, denen das Mittelalter erlag, noch immer weiter nichts als heftige theologische Zänkereien. Hätten die Leute jener Zeit sich nur über die himmlischen Dinge verständigen können, so wäre, nach der Ansicht unserer vaterländischen Geschichtskenner und Staatsweisen, gar kein Grund vorhanden gewesen, über die Dinge dieser Welt zu streiten. Diese Ideologen sind leichtgläubig genug, alle Illusionen für bare Münze zu nehmen, die sich eine Epoche über sich selbst macht, oder die die Ideologen einer Zeit sich über diese Zeit machen. Dieselbe Klasse von Leuten sieht z. B. in der Revolution von 1789 nur eine etwas hitzige Debatte über die Vorzüge der konstitutionellen vor der absoluten Monarchie, in der Julirevolution eine praktische Kontroverse über die Unhaltbarkeit des Rechts von Gottes Gnaden, in der Februarrevolution den Versuch zur Lösung der Frage: Republik oder Monarchie? usw. Von den K l a s s e n k ä m p f e n , die in diesen Erschütterungen ausgefochten werden, und deren bloßer Ausdruck die jedesmal auf die Fahne geschriebene politische Phrase ist, von diesen Klassenkämpfen haben selbst heute noch unsere Ideologen kaum eine Ahnung, obwohl die Kunde davon vernehmlich genug nicht nur vom Auslande herüber, sondern auch aus dem Murren und Grollen vieler tausend einheimischer Proletarier herauf erschallt.

Auch in den sogenannten Religionskriegen des sechzehnten Jahrhunderts handelte es sich vor allem um sehr positive materielle Klasseninteressen, und diese Kriege waren Klassenkämpfe, ebensogut wie die späteren inneren Kollisionen in England und Frankreich. Wenn diese Klassenkämpfe damals religiöse Erkennungszeichen trugen, wenn die Interessen, Bedürfnisse und Forderungen der einzelnen Klassen sich unter einer religiösen Decke verbargen, so ändert dies nichts an der Sache und erklärt sich leicht aus den Zeitverhältnissen.

Das Mittelalter hatte sich ganz aus dem Rohen entwickelt. Über die alte Zivilisation, die alte Philosophie, Politik und Jurisprudenz hatte es reinen Tisch gemacht, um in allem wieder von vorn anzufangen. Das

Einzige, was es aus der untergegangenen alten Welt übernommen hatte, war das Christentum und eine Anzahl halbzerstörter, ihrer ganzen Zivilisation entkleideter Städte. Die Folge davon war, dass, wie auf allen ursprünglichen Entwicklungsstufen, die Pfaffen das Monopol der intellektuellen Bildung erhielten, und damit die Bildung selbst einen wesentlich theologischen Charakter bekam. Unter den Händen der Pfaffen blieben Politik und Jurisprudenz, wie alle übrigen Wissenschaften, bloße Zweige der Theologie, und wurden nach denselben Prinzipien behandelt, die in dieser Geltung hatten. Die Dogmen der Kirche waren zu gleicher Zeit politische Axiome, und Bibelstellen hatten in jedem Gerichtshof Gesetzeskraft. Selbst als ein eigener Juristenstand sich bildete, blieb die Jurisprudenz noch lange unter der Vormundschaft der Theologie. Und diese Oberherrlichkeit der Theologie auf dem ganzen Gebiet der intellektuellen Tätigkeit war zugleich die notwendige Folge von der Stellung der Kirche als der allgemeinsten Zusammenfassung und Sanktion der bestehenden Feudalherrschaft.

Es ist klar, dass hiermit alle allgemein ausgesprochenen Angriffe auf den Feudalismus, vor allem Angriffe auf die Kirche, alle revolutionären, gesellschaftlichen und politischen Doktrinen zugleich und vorwiegend theologische Ketzereien sein mussten. Damit die bestehenden gesellschaftlichen Verhältnisse angetastet werden konnten, musste ihnen der Heiligenschein abgestreift werden.

Die revolutionäre Opposition gegen die Feudalität geht durch das ganze Mittelalter. Sie tritt auf, je nach den Zeitverhältnissen, als Mystik, als offene Ketzerei, als bewaffneter Aufstand. Was die Mystik angeht, so weiß man, wie abhängig die Reformatoren des sechzehnten Jahrhunderts von ihr waren; auch Münzer hat viel aus ihr genommen. Die Ketzereien waren teils der Ausdruck der Reaktion der patriarchalischen Alpenhirten gegen die zu ihnen vordringende Feudalität (die Waldenser); teils der Opposition der dem Feudalismus entwachsenen Städte gegen ihn (die Albigenser, Arnold von Brescia usw.); teils direkter Insurrektionen der Bauern (John Ball, der Meister aus Ungarn in der Picardie usw.). Die patriarchalische Ketzerei der Waldenser können wir hier, ganz wie die Insurrektion der Schweizer, als einen, nach Form und Inhalt reaktionären Versuch der Absperrung gegen die geschichtliche Bewegung, und von nur lokaler Bedeutung, beiseitelassen. In den beiden übrigen Formen der mittelalterlichen Ketzerei finden wir schon im zwölften Jahrhundert die

Vorläufer des großen Gegensatzes zwischen bürgerlicher und bäurisch-plebejischer Opposition, an dem der Bauernkrieg zugrunde ging. Dieser Gegensatz zieht sich durchs ganze spätere Mittelalter.

Die Ketzerei der Städte – und sie ist die eigentlich offizielle Ketzerei des Mittelalters – wandte sich hauptsächlich gegen die Pfaffen, deren Reichtümer und politische Stellung sie angriff. Wie jetzt die Bourgeoisie ein *gouvernement à bon marché*, eine wohlfeile Regierung, fordert, so verlangten die mittelalterlichen Bürger zunächst eine *église à bon marché*, eine wohlfeile Kirche. Der Form nach reaktionär, wie jede Ketzerei, die in der Fortentwicklung der Kirche und der Dogmen nur eine Entartung sehen kann, forderte die bürgerliche Ketzerei Herstellung der urchristlichen einfachen Kirchenverfassung und Aufhebung des exklusiven Priesterstandes. Diese wohlfeile Einrichtung beseitigte die Mönche, die Prälaten, den römischen Hof, kurz alles, was in der Kirche kostspielig war. Die Städte, selbst Republiken, wenn auch unter dem Schutz von Monarchen, sprachen durch ihre Angriffe gegen das Papsttum zum ersten Male in allgemeinerer Form aus, dass die normale Form der Herrschaft des Bürgertums die Republik ist. Ihre Feindschaft gegen eine Reihe von Dogmen und Kirchengesetzen erklärt sich teils aus dem Gesagten, teils aus ihren sonstigen Lebensverhältnissen. Warum sie z. B. so heftig gegen das Zölibat auftraten, darüber gibt niemand besser Aufschluss als Boccaccio. Arnold von Brescia in Italien und Deutschland, die Albigenser in Südfrankreich, John Wycliffe in England, Hutz und die Calixtiner in Böhmen waren die Hauptrepräsentanten dieser Richtung. Dass die Opposition gegen den Feudalismus hier nur als Opposition gegen die g e i s t l i c h e Feudalität auftritt, erklärt sich sehr einfach daraus, dass die Städte überall schon anerkannter Stand waren, und die weltliche Feudalität mit ihren Privilegien, mit den Waffen oder in den ständischen Versammlungen hinreichend bekämpfen konnten.

Auch hier sehen wir schon, sowohl in Südfrankreich wie in England und Böhmen, dass der größte Teil des niederen Adels sich den Städten im Kampf gegen die Pfaffen und in der Ketzerei anschließt – eine Erscheinung, die sich aus der Abhängigkeit des niederen Adels von den Städten und aus der Gemeinsamkeit der Interessen beider gegenüber den Fürsten und Prälaten erklärt, und die wir im Bauernkrieg wiederfinden werden.

Einen ganz verschiedenen Charakter hatte die Ketzerei, die der direkte Ausdruck der bäurischen und plebejischen Bedürfnisse war und sich fast immer an einen Aufstand anschloss. Sie teilte zwar alle Forderungen der bürgerlichen Ketzerei inbetreff der Pfaffen, des Papsttums und der Herstellung der urchristlichen Kirchenverfassung, aber sie ging zugleich unendlich weiter. Sie verlangte die Herstellung des urchristlichen Gleichheitsverhältnisses unter den Mitgliedern der Gemeinde, und seine Anerkennung als Norm auch für die bürgerliche Welt. Sie zog von der Gleichheit der Kinder Gottes den Schluss auf die bürgerliche Gleichheit und selbst teilweise schon auf die Gleichheit des Vermögens, Gleichstellung des Adels mit den Bauern, der Patrizier und bevorrechteten Bürger mit den Plebejern, Abschaffung der Frondienste, Grundzinsen, Steuern, Privilegien und wenigstens der schreiendsten Vermögensunterschiede waren Forderungen, die mit mehr oder weniger Bestimmtheit aufgestellt und als notwendige Konsequenzen der urchristlichen Doktrin behauptet wurden. Diese bäurisch-plebejische Ketzerei, in der Blütezeit des Feudalismus, z. B. bei den Albigensern, kaum noch zu trennen von der bürgerlichen, entwickelt sich zu einer scharf geschiedenen Parteiansicht im vierzehnten und fünfzehnten Jahrhundert, wo sie gewöhnlich ganz selbständig neben der bürgerlichen Ketzerei auftritt. So John Ball, der Prediger des Wat-Tylerschen Aufstandes in England neben der Wycliffeschen Bewegung, so die Taboriten neben Calixtinern in Böhmen. Bei den Taboriten tritt sogar schon die republikanische Tendenz unter theokratischer Verbrämung hervor, die am Ende des fünfzehnten und Anfang des sechzehnten Jahrhunderts durch die Vertreter der Plebejer in Deutschland weiter ausgebildet wurde.

An diese Form der Ketzerei schließt sich die Schwärmerei mystifizierender Sekten, der Geißler, Lollards usw., die in Zeiten der Unterdrückung die revolutionäre Tradition fortpflanzen.

Die Plebejer waren damals die einzige Klasse, die ganz außerhalb der offiziell bestehenden Gesellschaft stand. Sie befand sich außerhalb des feudalen und außerhalb des bürgerlichen Verbandes. Sie hatte weder Privilegien noch Eigentum; sie hatte nicht einmal, wie die Bauern und Kleinbürger einen mit drückenden Lasten beschwerten Besitz. Sie war in jeder Beziehung besitzlos und rechtlos; ihre Lebensbedingungen kamen direkt nicht einmal in Berührung mit den bestehenden Institutionen, von denen sie vollständig ignoriert wurden. Sie war das lebendige Symptom der Auflösung der feudalen und zunftbürgerlichen Gesellschaft, und zugleich der erste Vorläufer der modern-bürgerlichen Gesellschaft.

Aus dieser Stellung erklärt es sich, warum die plebejische Fraktion von damals nicht bei der bloßen Bekämpfung des Feudalismus und der privilegierten Pfahlbürgerei stehen bleiben konnte, warum sie wenigstens in der Fantasie, selbst über die kaum empordämmernde modern-bürgerliche Gesellschaft hinausgreifen, warum sie, die vollständig besitzlose Fraktion, schon Institutionen, Anschauungen und Vorstellungen in Frage stellen musste, welche allen auf Klassengegensätzen beruhenden Gesellschaftsformen gemeinsam sind. Die chiliastischen Schwärmereien des ersten Christentums boten hierzu einen bequemen Anknüpfungspunkt. Aber zugleich konnte dies Hinausgehen nicht nur über die Gegenwart, sondern selbst über die Zukunft, nur ein gewaltsames, phantastisches sein, und musste beim ersten Versuch der praktischen Anwendung zurückfallen in die beschränkten Grenzen, die die damaligen Verhältnisse allein zuließen. Der Angriff auf das Privateigentum, die Forderung der Gütergemeinschaft, musste sich auflösen in eine rohe Organisation der Wohltätigkeit; die vage christliche Gleichheit konnte höchstens auf die bürgerliche Gleichheit vor dem Gesetz hinauslaufen; die Beseitigung aller Obrigkeit verwandelt sich schließlich in die Herstellung vom Volke gewählter republikanischer Regierungen. Die Vorwegnahme des Kommunismus durch die Fantasie wurde in der Wirklichkeit eine Vorwegnahme der modernen bürgerlichen Verhältnisse.

Diese gewaltsame, aber dennoch aus der Lebenslage der plebejischen Fraktion sehr erklärliche Vorwegnahme auf die spätere Geschichte finden wir zuerst in D e u t s c h l a n d , bei T h o m a s   M ü n z e r und seiner Partei. Bei den Taboriten hatte allerdings eine Art chiliastischer Gütergemeinschaft bestanden, aber nur als rein militärische Maßregel. Erst bei Münzer sind diese kommunistischen Anklänge Ausdruck der Bestrebungen einer wirklichen Gesellschaftsfraktion, erst bei ihm sind sie mit einer gewissen Bestimmtheit formuliert, und seit ihm finden wir sie in jeder großen Volkserschütterung wieder, bis sie allmählich mit der modernen proletarischen Bewegung zusammenfließen; gerade so wie im Mittelalter die Kämpfe der freien Bauern gegen die sie mehr und mehr umstrickende Feudalherrschaft zusammenfließen mit den Kämpfen der Leibeigenen und Hörigen um den vollständigen Bruch der Feudalherrschaft.

Während sich in dem ersten der drei großen Lager, im k o n s e r v a t i v - k a t h o l i s c h e n , alle Elemente zusammenfanden, die bei der Erhaltung des Bestehenden interessiert waren, also die Reichsgewalt, die geistlichen und ein Teil der weltlichen Fürsten, der reichere Adel, die Prälaten und das städtische Patriziat, sammeln sich um das Banner der bürgerlich gemäßigten, lutherischen Reform die besitzenden Elemente der Opposition, die Masse des niederen Adels, die Bürgerschaft, und selbst ein Teil der weltlichen Fürsten, der sich durch Konfiskation der geistlichen Güter zu bereichern hoffte und die Gelegenheit zur Erringung größerer Unabhängigkeit vom Reich benutzen wollte. Die Bauern und Plebejer endlich schlossen sich zur revolutionären Partei zusammen, deren Forderungen und Doktrinen am schärfsten durch Münzer ausgesprochen wurden.

Luther und Münzer repräsentieren nach ihrer Doktrin wie nach ihrem Charakter und ihrem Auftreten jeder seine Partei vollständig.

Luther hat in den Jahren 1517 bis 1525 ganz dieselben Wandlungen durchgemacht, die die modernen deutschen Konstitutionellen von 1846 bis 1849 durchmachten, und die jede bürgerliche Partei durchmacht, welche, einen Moment an die Spitze der Bewegung gestellt, in dieser Bewegung selbst von der hinter ihr stehenden plebejischen oder proletarischen Partei überflügelt wird.

Als Luther 1517 zuerst gegen die Dogmen und die Verfassung der katholischen Kirche auftrat, hatte seine Opposition durchaus noch keinen bestimmten Charakter. Ohne über die Forderungen der früheren bürgerlichen Ketzerei hinauszugehen, schloss sie keine einzige weitergehende Richtung aus, und konnte es nicht. Im ersten Moment mussten alle oppositionellen Elemente vereinigt, musste die entschiedenste revolutionäre Energie angewandt, musste die Gesamtmasse der bisherigen Ketzerei gegenüber der katholischen Rechtgläubigkeit vertreten werden. Gerade so waren unsere liberalen Bourgeois noch 1847 revolutionär, nannten sich Sozialisten und Kommunisten und schwärmten für die Emanzipation der Arbeiterklasse. Die kräftige Bauernnatur Luthers machte sich in dieser ersten Periode seines Auftretens in der ungestümsten Weise Luft. „Wenn ihr (der römischen Pfaffen) rasend Wüten einen Fortgang haben sollte, so dünkt mich, es wäre schier kein besserer Rat und Arznei, ihm zu steuern, denn dass Könige und Fürsten mit Gewalt dazu täten, sich rüsteten, und diese schädlichen Leute, so alle Welt vergiften, angriffen und einmal des Spiels ein Ende machten, mit Waffen, nicht mit Worten. So wir Diebe mit Schwert, Mörder mit Strang, Ketzer mit Feuer strafen, warum greifen wir nicht vielmehr an diese schädlichen Lehrer des Verderbens, als Päpste, Kardinäle, Bischöfe und das ganze Geschwärm der römischen Sodoma mit allerlei Waffen und waschen unsere Hände in ihrem Blut?"

Aber dieser erste revolutionäre Feuereifer dauerte nicht lange. Der Blitz schlug ein, den Luther geschleudert hatte. Das ganze deutsche Volk geriet in Bewegung. Auf der einen Seite sahen Bauern und Plebejer in seinen Aufrufen wider die Pfaffen, in seiner Predigt von der christlichen Freiheit das Signal zur Erhebung; auf der anderen schlossen sich die gemäßigteren Bürger und ein großer Teil des niederen Adels ihm an, wurden selbst Fürsten vom Strom mit fortgerissen. Die einen glaubten den Tag gekommen, wo sie mit allen ihren Unterdrückern Abrechnung halten könnten, die anderen wollten nur die Macht der Pfaffen, die Abhängigkeit von Rom, die katholische Hierarchie brechen und sich aus der Konfiskation des Kirchenguts bereichern. Die Parteien sonderten sich und fanden ihre Repräsentanten. Luther musste zwischen ihnen wählen. Er, der Schützling des Kurfürsten von Sachsen, der angesehene Professor von Wittenberg, der über Nacht mächtig und berühmt gewordene, mit einem Zirkel von abhängigen Kreaturen und Schmeichlern umgebene große Mann, zauderte keinen Augenblick. Er ließ die populären Elemente der Bewegung fallen und schloss sich der bürgerlichen, adligen und fürstlichen Suite an. Die Aufrufe zum Vertilgungskriege gegen Rom verstummten; Luther predigte jetzt die friedliche Entwicklung und den passiven Widerstand (vergl. z. B. An den Adel teutscher Nation 1520 usw.). Auf Huttens Einladung, zu ihm und Sickingen auf die Ebernburg, den Mittelpunkt der Adelsverschwörung gegen Pfaffen und Fürsten zu kommen, antwortete Luther: „Ich möchte nicht, dass man das Evangelium mit Gewalt und Blutvergießen verfechte. Durch das Wort ist die Welt überwunden worden, durch das Wort ist die Kirche erhalten, durch das Wort wird sie auch wieder in den Stand kommen, und der Antichrist, wie er seines ohne Gewalt bekommen, wird ohne Gewalt fallen."

Von dieser Wendung, oder vielmehr von dieser bestimmten Feststellung der Richtung Luthers, begann jenes Markten und Feilschen um die beizubehaltenden oder zu reformierenden Institutionen und Dogmen, jenes widerwärtige Diplomatisieren, Konzedieren, Intrigieren und Vereinbaren, dessen Resultat die Augsburgische Konfession war, die schließlich erhandelte Verfassung der reformierten Bürgerkirche. Es ist ganz derselbe Schacher, der sich neuerdings in deutschen Nationalversammlungen, Vereinbarungsversammlungen, Revisionskammern und Erfurter Parlamenten in politischer Form bis zum Ekel wiederholt hat. Der spießbürgerliche Charakter der offiziellen Reformation trat in diesen Verhandlungen aufs Offenste hervor.

Dass Luther, als nunmehr erklärter Repräsentant der bürgerlichen Reform, den gesetzlichen Fortschritt predigte, hatte seine guten Gründe. Die Masse der Städte war der gemäßigten Reform zugefallen; der niedere Adel schloss sich ihr mehr und mehr an, ein Teil der Fürsten fiel zu, ein anderer schwankte. Ihr Erfolg war so gut wie gesichert, wenigstens in einem großen Teil von Deutschland. Bei fortgesetzter friedlicher Entwicklung konnten die übrigen Gegenden auf die Dauer dem Andrang der gemäßigten Opposition nicht widerstehen. Jede gewaltsame Erschütterung aber musste die gemäßigte Partei in Konflikt bringen mit der extremen, plebejischen und Bauernpartei, musste die Fürsten, den Adel und manche Städte der Bewegung entfremden, und ließ nur die Chance entweder der Überflügelung der bürgerlichen Partei durch die Bauern und Plebejer, oder der Unterdrückung sämtlicher Bewegungsparteien durch die katholische Restauration. Und wie die bürgerlichen Parteien, sobald sie die geringsten Siege erfochten haben, vermittelst des gesetzlichen Fortschritts zwischen der Scylla der Revolution und der Charybdis der Restauration durchzulavieren suchen, davon haben wir in der letzten Zeit Exempel genug gehabt.

Wie unter den allgemein gesellschaftlichen und politischen Verhältnissen der damaligen Zeit die Resultate jeder Veränderung notwendig den Fürsten zugutekommen, und ihre Macht vermehren mussten, so musste die bürgerliche Reform, je schärfer sie sich von den plebejischen und bäuerischen Elementen schied, immer mehr unter die Kontrolle der reformierten Fürsten geraten. Luther selbst wurde mehr und mehr ihr Knecht, und das Volk wusste sehr gut, was es tat, wenn es sagte, er sei ein Fürstendiener geworden, wie die anderen, und wenn es ihn in Orlamünde mit Steinwürfen verfolgte.

Als der Bauernkrieg losbrach und zwar in Gegenden, wo Fürsten und Adel größtenteils katholisch waren, suchte Luther eine vermittelnde Stellung einzunehmen. Er griff die Regierungen entschieden an. Sie seien schuld am Aufstand durch ihre Bedrückungen; nicht die Bauern setzten sich wider sie, sondern Gott selbst. Der Aufstand sei freilich auch ungöttlich und wider das Evangelium, hieß es auf der anderen Seite. Schließlich riet er beiden Parteien nachzugeben und sich gütlich zu vertragen.

Aber der Aufstand, trotz dieser wohlmeinenden Vermittelungsvorschläge, dehnte sich rasch aus, ergriff sogar protestantische, von lutherischen Fürsten, Herren und Städten beherrschte Gegenden, und wuchs der bürgerlichen, „besonnenen" Reform rasch über den Kopf. In Luthers nächster Nähe, in Thüringen, schlug die entschiedenste Fraktion der Insurgenten unter Münzer ihr Hauptquartier auf. Noch ein paar Erfolge, und ganz Deutschland stand in Flammen, Luther war umzingelt, vielleicht als Verräter durch die Spieße gejagt und die bürgerliche Reform weggeschwemmt von der Sturmflut der bäuerisch-plebejischen Revolution. Da galt kein Besinnen mehr. Gegenüber der Revolution wurden alle alten Feindschaften vergessen; im Vergleich mit den Rotten der Bauern waren die Diener der römischen Sodoma unschuldige Lämmer, sanftmütige Kinder Gottes; und Bürger und Fürsten, Adel und Pfaffen, Luther und Papst verbanden sich „wider die mörderischen und räuberischen Rotten der Bauern". „Man soll sie z e r s c h m e i ß e n , w ü r g e n und s t e c h e n , h e i m l i c h und ö f f e n t l i c h , wer da kann, wie man einen t o l l e n H u n d totschlagen muss!" schrie Luther. „Darum, liebe Herren, loset hie, rettet da, stehe, schlage, würge sie wer da kann, bleibst Du darüber tot, wohl Dir, seligeren Tod kannst Du nimmermehr überkommen." Man solle nur keine falsche Barmherzigkeit mit den Bauern haben. Die mengen sich selber unter die Aufrührerischen, die sich derer erbarmen, welcher sich Gott nicht erbarmt, sondern, welche er gestraft und verderbet haben will. Nachher werden die Bauern selber Gott danken lernen, wenn sie die eine Kuh hergeben müssen, auf dass sie die andere in Frieden genießen können; und die Fürsten werden durch den Aufruhr erkennen, wes Geistes der Pöbel sei, der nur mit Gewalt zu regieren. „Der weise Mann sagt: *cibus, onus et virgam asino*, in einen Bauern gehört Haberstroh, sie hören nicht das Wort und sind unsinnig, so müssen sie die Virgam, die Büchse hören und geschiehet ihnen recht. Bitten sollen wir für sie, dass sie gehorchen; wo nicht, so gilts hie nicht viel Erbarmens. L a s s e t n u r d i e B ü c h s e n u n t e r s i e s a u s e n , sie machens sonst tausendmal ärger."

Gerade so sprachen unsere weiland sozialistischen und philanthropischen Bourgeois, als das Proletariat nach den Märztagen seinen Anteil an den Früchten des Sieges reklamieren kam.

Luther hatte der plebejischen Bewegung ein mächtiges Werkzeug in die Hand gegeben durch die Übersetzung der Bibel. In der Bibel hatte er dem feudalisierten Christentum der Zeit das bescheidene Christentum der ersten Jahrhunderte, der zerfallenden feudalen Gesellschaft das Abbild einer Gesellschaft entgegengehalten, die nichts von der weitschichtigen, kunstmäßigen Feudalhierarchie wusste. Die Bauern hatten dieses Werkzeug gegen Fürsten, Adel, Pfaffen, nach allen Seiten hin benutzt. Jetzt kehrte Luther es gegen sie und stellte aus der Bibel einen wahren Lobgesang auf die von Gott eingesetzte Obrigkeit zusammen, wie ihn kein Tellerleser der absoluten Monarchie je zustande gebracht hat. Das Fürstentum von Gottes Gnaden, der passive Gehorsam, selbst die Leibeigenschaft wurde mit der Bibel sanktioniert. Nicht nur der Bauernaufstand, auch die ganze Auflehnung Luthers selbst gegen die geistliche und weltliche Autorität war hierin verleugnet; nicht nur die populäre Bewegung, auch die bürgerliche war damit an die Fürsten verraten.

Brauchen wir die Bourgeois zu nennen, die auch von dieser Verleugnung ihrer eigenen Vergangenheit uns kürzlich wieder Beispiele gegeben haben?

Stellen wir nun dem bürgerlichen Reformator Luther den plebejischen Revolutionär M ü n z e r gegenüber.

T h o m a s M ü n z e r war geboren zu S t o l b e r g am Harz um das Jahr 1498. Sein Vater soll, ein Opfer der Willkür der Stolbergschen Grafen, am Galgen gestorben sein. Schon in seinem fünfzehnten Jahr stiftete Münzer auf der Schule zu Halle einen geheimen Bund gegen den Erzbischof von Magdeburg und die römische Kirche überhaupt. Seine Gelehrsamkeit in der damaligen Theologie verschaffte ihm früh den Doktorgrad und eine Stelle als Kaplan in einem Nonnenkloster zu Halle. Hier behandelte er schon Dogmen und Ritus der Kirche mit der größten Verachtung, bei der Messe ließ er die Worte der Wandlung ganz aus und aß, wie Luther von ihm erzählt, die Herrgötter ungeweiht. Sein Hauptstudium waren die mittelalterlichen Mystiker, besonders die chiliastischen Schriften Joachims des Calabresen. Das tausendjährige Reich, das Strafgericht über die entartete Kirche und die verderbte Welt, das dieser verkündete und ausmalte, schien Münzer mit der Reformation und der allgemeinen Aufregung der Zeit nahe herbeigekommen. Er predigte in der Umgegend mit großem Beifall. 1520 ging er als erster evangelischer Prediger nach Zwickau. Hier fand er eine jener schwärmerischen, chiliastischen Sekten vor, die in vielen Gegenden im Stillen fortexistierten, hinter deren momentaner Demut und Zurükgezogenheit sich die fortwuchernde Opposition der untersten Gesellschaftsschichten gegen die bestehenden Zustände verborgen hatte, und die jetzt mit der wachsenden Agitation immer offener und beharrlicher ans Tageslicht hervortraten. Es war die Sekte der Wiedertäufer, an deren Spitze Niklas S t o r c h stand. Sie predigten das Nahen des jüngsten Gerichts und des tausendjährigen Reichs; sie hatten „Gesichte, Verzückungen und den Geist der Weissagung". Bald kamen sie in Konflikt mit dem Zwickauer Rat; Münzer verteidigte sie, obwohl er sich ihnen nie unbedingt anschloss, sondern sie vielmehr unter seinen Einfluss bekam. Der Rat schritt energisch gegen sie ein; sie müssten die Stadt verlassen und Münzer mit ihnen. Es war Ende 1521.

Er ging nach Prag und suchte, an die Rechte der hussitischen Bewegung anknüpfend, hier Boden zu gewinnen; aber seine Proklamationen hatten nur den Erfolg, dass er auch aus Böhmen wieder fliehen musste. 1522 wurde er Prediger zu Altstedt in Thüringen. Hier begann er damit, den Kultus zu reformieren. Noch ehe Luther so weit zu gehen wagte, schaffte er die lateinische Sprache total ab und ließ die ganze Bibel, nicht bloß die vorgeschriebenen sonntäglichen Evangelien und Episteln verlesen. Zu gleicher Zeit organisierte er die Propaganda in der Umgegend. Von allen Seiten lief das Volk ihm zu, und bald wurde Altstedt das Zentrum der populären Antipfaffen-Bewegung von ganz Thüringen.

Noch war Münzer vor allem Theologe; noch richtete er seine Angriffe fast ausschließlich gegen die Pfaffen. Aber er predigte nicht, wie Luther damals schon, die ruhige Debatte und den friedlichen Fortschritt, er setzte die früheren gewaltsamen Predigten Luthers fort und rief die sächsischen Fürsten und das Volk auf zum bewaffneten Einschreiten gegen die römischen Pfaffen. „Sagt doch Christus, ich bin nicht gekommen, Frieden zu bringen, sondern das Schwert. Was sollt Ihr (die sächsischen Fürsten) aber mit demselben machen? Nichts anderes, denn die Bösen, die das Evangelium verhindern, wegtun und absondern, wollt Ihr anders Diener Gottes sein. Christus hat mit großem Ernst befohlen, Luc. 19, 27, nehmt meine Feinde und würget sie mir vor meinen Augen … Gebet uns keine schalen Fratzen vor, dass die Kraft Gottes es tun soll ohne Euer Zutun des Schwertes, es möchte Euch sonst in der Scheide verrotten. Die, welche Gottes Offenbarung zuwider sind, soll man wegtun, ohne alle Gnade, wie Hiskias, Cyrus, Josias, Daniel und Elias die Baalspfaffen verstöret haben, anders mag die christliche Kirche zu ihrem Ursprung nicht wieder kommen. Man muss das Unkraut ausraufen aus dem Weingarten Gottes in der Zeit der Ernte. Gott hat 5. Mose 7 gesagt, Ihr sollt Euch nicht erbarmen über die Abgöttischen, zerbrecht ihre Altäre, zerschmeißt ihre Bilder und verbrennet sie, auf dass ich nicht mit Euch zürne."

Aber diese Aufforderungen an die Fürsten blieben ohne Erfolg, während gleichzeitig unter dem Volk die revolutionäre Aufregung von Tag zu Tag wuchs. Münzer, dessen Ideen immer schärfer ausgebildet, immer kühner wurden, trennte sich jetzt entschieden von der bürgerlichen Reformation und trat von nun an zugleich direkt als politischer Agitator auf.

Seine theologisch-philosophische Doktrin griff alle Hauptpunkte nicht nur des Katholizismus, sondern des Christentums überhaupt an. Er lehrte unter christlichen Formen einen Pantheismus, der mit der modernen spekulativen Anschauungsweise eine merkwürdige Ähnlichkeit hat und stellenweise sogar an Atheismus anstreift. Er verwarf die Bibel sowohl als ausschließliche, wie als unfehlbare Offenbarung. Die eigentliche, die lebendige Offenbarung sei die Vernunft, eine Offenbarung, die zu allen Zeiten und bei allen Völkern existiert habe und noch existiere. Der Vernunft die Bibel entgegenhalten heiße den Geist durch den Buchstaben töten. Denn der heilige Geist, von dem die Bibel spreche, sei nichts außer uns Existierendes; der heilige Geist sei eben die Vernunft. Der Glaube sei nichts anderes als das Lebendigwerden der Vernunft im Menschen und daher könnten auch die Heiden den Glauben haben. Durch diesen Glauben, durch die lebendig gewordene Vernunft werde der Mensch vergöttlicht und selig. Der Himmel sei daher nichts Jenseitiges, er sei in diesem Leben zu suchen, und der Beruf der Gläubigen sei, diesen Himmel, das Reich Gottes, hier auf der Erde herzustellen. Wie keinen jenseitigen Himmel, so gebe es auch keine jenseitige Hölle oder Verdammnis. Ebenso gebe es keinen Teufel als die bösen Lüste und Begierden der Menschen. Christus sei ein Mensch gewesen wie wir, ein Prophet und Lehrer, und sein Abendmahl sei ein einfaches Gedächtnismahl, worin Brot und Wein ohne weitere mystische Zutat genossen werde.

Diese Lehren predigte Münzer meist versteckt unter denselben christlichen Redeweisen, unter denen sich die neuere Philosophie eine Zeit lang verstecken musste. Aber der erzketzerische Grundgedanke blickt überall aus seinen Schriften hervor, und man sieht, dass es ihm mit dem biblischen Deckmantel weit weniger Ernst war, als manchem Schüler

Hegels in neuerer Zeit. Und doch liegen dreihundert Jahre zwischen Münzer und der modernen Philosophie.

Seine politische Doktrin schloss sich genau an diese revolutionäre religiöse Anschauungsweise an, und griff ebenso weit über die unmittelbar vorliegenden gesellschaftlichen und politischen Verhältnisse hinaus, wie seine Theologie über die geltenden Vorstellungen seiner Zeit. Wie Münzers Religionsphilosophie an den Atheismus, so streifte sein politisches Programm an den Kommunismus, und mehr als eine moderne kommunistische Sekte hatte noch am Vorabend der Februarrevolution über kein reichhaltigeres theoretisches Arsenal zu verfügen, als die „Münzerschen" des sechzehnten Jahrhunderts. Dieses Programm, weniger die Zusammenfassung der Forderungen der damaligen Plebejer, als die geniale Vorwegnahme der Emanzipationsbedingungen der kaum sich entwickelnden proletarischen Elemente unter diesen Plebejern – dies Programm forderte die sofortige Herstellung des Reiches Gottes, des prophezeiten tausendjährigen Reichs auf Erden, durch Zurückführung der Kirche auf ihren Ursprung und Beseitigung aller Institutionen, die mit dieser angeblich urchristlichen, in Wirklichkeit aber sehr neuen Kirche in Widerspruch standen. Unter dem Reich Gottes verstand Münzer aber nichts anderes, als einen Gesellschaftszustand, in dem keine Klassenunterschiede, kein Privateigentum und keine den Gesellschaftsmitgliedern gegenüber selbständige, fremde Staatsgewalt mehr bestehen. Sämtliche bestehende Gewalten, sofern sie nicht sich fügen und der Revolution anschließen wollten, sollten gestürzt, alle Arbeiten und alle Güter gemeinsam, und die vollständigste Gleichheit durchgeführt werden. Ein Bund sollte gestiftet werden, um dies durchzusetzen, nicht nur über ganz Deutschland, sondern über die ganze Christenheit; Fürsten und Herren sollten eingeladen werden sich anzuschließen; wo nicht, sollte der Bund sie bei der ersten Gelegenheit mit den Waffen in der Hand stürzen oder töten.

Münzer setzte sich gleich daran, diesen Bund zu organisieren. Seine Predigten nahmen einen noch heftigeren, revolutionäreren Charakter an; neben den Angriffen auf die Pfaffen donnerte er mit gleicher Leidenschaft gegen die Fürsten, den Adel, das Patriziat, schilderte er in glühenden Farben den bestehenden Druck und hielt dagegen sein Fantasiebild des tausendjährigen Reichs der sozial-republikanischen Gleichheit. Zugleich veröffentlichte er ein revolutionäres Pamphlet nach dem anderen, und sandte Emissäre nach allen Richtungen aus, während er selbst den Bund in Altstedt und der Umgegend organisierte.

Die erste Frucht dieser Propaganda war die Zerstörung der Marienkapelle zu Mellerbach bei Altstedt, nach dem Gebot: „Ihre Altäre sollt ihr zerreißen, ihre Säulen zerbrechen und ihre Götzen mit Feuer verbrennen, denn ihr seid ein heilig Volk" (Deut. 7, 5). Die sächsischen Fürsten kamen selbst nach Altstedt, um den Aufruhr zu stillen, und ließen Münzer aufs Schloss rufen. Dort hielt er eine Predigt, wie sie deren von Luther, „dem sanftlebenden Fleisch zu Wittenberg", wie Münzer ihn nannte, nicht gewohnt waren. Er bestand darauf, dass die gottlosen Regenten, besonders Pfaffen und Mönche, die das Evangelium als Ketzerei behandeln, getötet werden müssten, und berief sich dafür aufs neue Testament. Die Gottlosen hätten kein Recht zu leben, es sei denn durch die Gnade der Auserwählten. Wenn die Fürsten die Gottlosen nicht vertilgen, so werde Gott ihnen das Schwert nehmen, denn die ganze Gemeinde habe die Gewalt des Schwerts. Die Grundsuppe des Wuchers, der Dieberei und Räuberei seien die Fürsten und Herren; sie nehmen alle Kreaturen zum Eigentum, die Fische im Wasser, die Vögel in der Luft, das Gewächs auf Erden. Und dann predigten sie noch gar den Armen das Gebot: Du sollst nicht stehlen, sie selber aber nehmen wo sie finden, schinden und schaben den Bauer und den Handwerker; wo aber dieser am allergeringsten sich vergreife, so müsse er hängen, und zu dem allen sage dann der Doktor Lügner: Amen. „Die Herren machen das selber, dass ihnen der arme Mann Feind wird. Die Ursache des Aufruhrs wollen sie nicht wegtun, wie kann es in die Länge gut werden? Ach liebe Herren, wie hübsch wird der Herr unter die alten Töpfe schmeißen mit einer eisernen Stange! So ich das sage, werde ich aufrührisch sein. Wohl hin!" (Vergl. Zimmermanns Bauernkrieg, II, S. 75.)

Münzer ließ die Predigt drucken; sein Drucker in Altstedt wurde zur Strafe vom Herzog Johann von Sachsen gezwungen, das Land zu verlassen, und ihm selbst wurde für alle seine Schriften die Zensur der herzoglichen Regierung zu Weimar auferlegt. Aber diesen Befehl achtete er nicht. Er ließ gleich darauf eine höchst aufregende Schrift in der Reichsstadt Mühlhausen drucken, worin er das Volk aufforderte, „das Loch weit zu machen, auf dass alle Welt sehen und greifen möge, wer unsre großen Hansen sind, die Gott also lästerlich zum gemalten Männlein gemacht haben," und die er mit den Worten beschloss: „Die ganze Welt muss einen großen Stoß aushalten; es wird ein solch Spiel angehen, dass die Gottlosen vom Stuhl gestürzt, die Niedrigen aber erhöhet werden." Als Motto schrieb „Thomas Münzer mit dem Hammer" auf den Titel: „Nimm wahr, ich habe meine Worte in deinen Mund gesetzt, ich habe dich heute über die Leute und über die Reiche gesetzt, auf dass du auswurzelst, zerbrechest, zerstreuest und verstürzest, und bauest und pflanzest. Eine eiserne Mauer wider die Könige, Fürsten, Pfaffen und wider das Volk ist dargestellt. Die mögen streiten, der Sieg ist wunderlich zum Untergang der starken gottlosen Tyrannen."

Der Bruch Münzers mit Luther und seiner Partei war schon lange vorhanden. Luther hatte manche Kirchenreformen selbst annehmen müssen, die Münzer, ohne ihn zu fragen, eingeführt hatte. Er beobachtete Münzers Tätigkeit mit dem ärgerlichen Misstrauen des gemäßigten Reformers gegen die energischere, weiter treibende Partei. Schon im Frühjahr 1524 hatte Münzer an Melanchthon, dieses Urbild des philiströsen, hektischen Stubenhockers, geschrieben, er und Luther verständen die Bewegung gar nicht. Sie suchten sie im biblischen Buchstabenglauben zu ersticken, ihre ganze Doktrin sei wurmstichig. „Lieben Brüder, lasst euer Warten und Zaudern, es ist Zeit, der Sommer ist vor der Tür. Wollet nicht Freundschaft halten mit den Gottlosen, sie hindern, dass das Wort nicht wirke in voller Kraft. Schmeichelt nicht euren Fürsten, sonst werdet ihr selbst mit ihnen verderben. Ihr zarten Schriftgelehrten, seid nicht unwillig, ich kann es nicht anders machen."

Luther forderte Münzer mehr als einmal zur Disputation heraus; aber dieser, bereit den Kampf jeden Augenblick vor dem Volk aufzunehmen, hatte nicht die geringste Lust, sich in eine theologische Zänkerei vor dem parteiischen Publikum der Wittenberger Universität einzulassen. Er wollte „das Zeugnis des Geistes nicht ausschließlich auf die hohe Schule bringen". Wenn Luther aufrichtig sei, so solle er seinen Einfluss dahin verwenden, dass die Schikanen gegen Münzers Drucker und das Gebot der Zensur aufhöre, damit der Kampf ungehindert in der Presse ausgefochten werden könne.

Jetzt, nach der erwähnten revolutionären Broschüre Münzers, trat Luther öffentlich als Denunziant gegen ihn auf. In seinem gedruckten „Brief an die Fürsten zu Sachsen wider den aufrührischen Geist" erklärte er Münzer für ein Werkzeug des Satans und forderte die Fürsten auf, einzuschreiten und die Anstifter des Aufruhrs zum Land hinaus zu jagen, da sie sich nicht begnügen, ihre schlimmen Lehren zu predigen, sondern zum Aufstand und zur gewaltsamen Widersetzlichkeit gegen die Obrigkeit aufrufen.

Am 1. August musste Münzer sich vor den Fürsten auf dem Schloss zu Weimar gegen die Anklage aufrührerischer Umtriebe verantworten. Es lagen höchst kompromittierende Tatsachen gegen ihn vor; man war seinem geheimen Bund auf die Spur gekommen, man hatte in den Verbindungen der Bergknappen und Bauern seine Hand entdeckt. Man bedrohte ihn mit Verbannung. Kaum nach Altstedt zurück, erfuhr er, dass Herzog Georg von Sachsen seine Auslieferung verlangte; Bundesbriefe von seiner Handschrift waren aufgefangen worden, worin er Georgs Untertanen zu bewaffnetem Widerstand gegen die Feinde des Evangeliums aufforderte. Der Rat hätte ihn ausgeliefert, wenn er nicht die Stadt verlassen hätte.

Inzwischen hatte die steigende Agitation unter Bauern und Plebejern die Münzersche Propaganda ungemein erleichtert. Für diese Propaganda hatte er an den Wiedertäufern unschätzbare Agenten gewonnen. Diese Sekte, ohne bestimmte positive Dogmen, zusammengehalten nur durch ihre gemeinsame Opposition gegen alle herrschenden Klassen und durch das gemeinsame Symbol der Wiedertaufe, asketisch-streng in Lebenswandel, unermüdlich, fanatisch und unerschrocken in der Agitation, hatte sich mehr und mehr um Münzer gruppiert. Durch die Verfolgungen von jedem festen Wohnsitz ausgeschlossen, streifte sie über ganz Deutschland und verkündete überall die neue Lehre, in der Münzer ihnen ihre eigenen Bedürfnisse und Wünsche klargemacht hatte. Unzählige wurden gefoltert, verbrannt oder sonst hingerichtet, aber der Mut und die Ausdauer dieser Emissäre war unerschütterlich, und der Erfolg ihrer Tätigkeit, bei der schnell wachsenden Aufregung des Volks, war unermesslich. Daher fand Münzer bei seiner Flucht aus Thüringen den Boden überall vorbereitet, er mochte sich hinwenden wohin er wollte.

Bei Nürnberg, wohin Münzer zuerst ging, war kaum einen Monat vorher ein Bauernaufstand im Keim erstickt worden. Münzer agitierte hier im Stillen; bald traten Leute auf, die seine kühnsten theologischen Sätze von der Unverbindlichkeit der Bibel und der Nichtigkeit der Sakramente verteidigten, Christus für einen bloßen Menschen und die Gewalt der weltlichen Obrigkeit für ungöttlich erklärten. „Da sieht man den Satan umgehn, den Geist aus Altstedt!" rief Luther.

Hier in Nürnberg ließ Münzer seine Antwort an Luther drucken. Er klagte ihn geradezu an, dass er den Fürsten schmeichle und die reaktionäre

Partei mit seiner Halbheit unterstütze. Aber das Volk werde trotzdem frei werden, und dem Doktor Luther werde es dann gehen wie einem gefangenen Fuchs. – Die Schrift wurde von Rats wegen mit Beschlag belegt, und Münzer musste Nürnberg verlassen.

Er ging jetzt durch Schwaben nach dem Elsass, der Schweiz und zurück nach dem oberen Schwarzwald, wo schon seit einigen Monaten der Aufstand ausgebrochen war, beschleunigt zum großen Teil durch seine wiedertäuferischen Emissäre. Diese Propagandareise Münzers hat offenbar zur Organisation der Volkspartei, zur klaren Feststellung ihrer Forderungen und zum endlichen allgemeinen Ausbruch des Aufstandes im April 1525 wesentlich beigetragen. Die doppelte Wirksamkeit Münzers, einerseits für das Volk, dem er in der ihm damals allein verständlichen Sprache des religiösen Prophetismus zuredete, und andererseits für die Eingeweihten, gegen die er sich offen über seine schließliche Tendenz aussprechen konnte, tritt hier besonders deutlich hervor. Hatte er schon früher in Thüringen einen Kreis der entschiedensten Leute, nicht nur aus dem Volk, sondern auch aus der niedrigen Geistlichkeit, um sich versammelt und an die Spitze der geheimen Verbindung gestellt, so wird er hier der Mittelpunkt der ganzen revolutionären Bewegung von Südwestdeutschland, so organisiert er die Verbindung von Sachsen und Thüringen über Franken und Schwaben bis nach dem Elsass und der Schweizer Grenze und zählt die süddeutschen Agitatoren, wie Hubmaier in Waldshut, Conrad Grebel von Zürich, Franz Rabmann zu Grießen, Schappelar zu Memmingen, Jakob Wehe zu Leipheim, Doktor Mantel in Stuttgart, meist revolutionäre Pfarrer, unter seine Schüler und unter die Häupter des Bundes. Er selbst hielt sich meist in Grießen an der Schaffhausener Grenze auf und durchstreifte von da den Hegau, Klettgau usw. Die blutigen Verfolgungen, die die beunruhigten Fürsten und Herren überall gegen diese neue plebejische Ketzerei unternahmen, trugen nicht wenig dazu bei, den rebellischen Geist zu schüren und die Verbindung fester zusammenzuschließen. So agitierte Münzer gegen fünf Monate in Oberdeutschland und ging um die Zeit, wo der Ausbruch der Verschwörung herannahte, wieder nach Thüringen zurück, wo er den Aufstand selbst leiten wollte und wo wir ihn wiederfinden werden.

Wir werden sehen, wie treu der Charakter und das Auftreten der beiden Parteichefs die Haltung ihrer Parteien selbst widerspiegeln, wie die Unentschiedenheit, die Furcht vor der ernsthaft werdenden Bewegung selbst, die feige Fürstendienerei Luthers ganz der zaudernden, zweideutigen Politik der Bürgerschaft entsprach und wie die revolutionäre Energie und Entschlossenheit Münzers in der entwickeltsten Fraktion der Plebejer und Bauern sich wiederholen. Der Unterschied ist nur, dass, während Luther sich begnügte, die Vorstellungen und Wünsche der M a j o r i t ä t seiner Klasse auszusprechen und sich damit eine höchst wohlfeile Popularität bei ihr zu erwerben, Münzer im Gegenteil weit über die unmittelbaren Vorstellungen und Ansprüche der Plebejer und Bauern hinausging und sich aus der Elite der vorgefundenen revolutionären Elemente erst eine Partei bildete, die übrigens, soweit sie auf der Höhe seiner Ideen stand und seine Energie teilte, immer nur eine kleine Minorität der insurgierten Masse blieb.

III

Ungefähr fünfzig Jahre nach der Unterdrückung der hussitischen Bewegung zeigten sich die ersten Symptome des aufkeimenden revolutionären Geistes unter den deutschen Bauern.

Im Bistum Würzburg, einem durch die Hussitenkriege, „durch schlechte Regierung, durch vielfältige Steuern, Abgaben, Fehde, Feindschaft, Krieg, Brand, Mord, Gefängnis und dergleichen" schon früher verarmten und fortwährend von Bischöfen, Pfaffen und Adel schamlos ausgeplünderten Lande, entstand 1476 die erste Bauernverschwörung. Ein junger Hirte und Musikant, H a n s B ö h e i m v o n N i k l a s h a u s e n, auch Pauker und P f e i f e r h ä n s l e i n genannt, trat plötzlich im Taubergrund als Prophet auf. Er erzählte, die Jungfrau Maria sei ihm erschienen; sie habe ihm geboten, seine Pauke zu verbrennen, dem Tanz und den sündigen Wollüsten nicht ferner zu dienen, sondern das Volk zur Buße zu ermahnen. So solle denn jeder von seinen Sünden und von der eitlen Lust dieser Welt ablassen, allen Schmuck und Zierrat ablegen und zur Mutter Gottes von Niklashausen wallfahrten, um die Vergebung seiner Sünden zu erlangen.

Wir finden schon hier, bei dem ersten Vorläufer der Bewegung, jenen Aszetismus, den wir bei allen mittelalterlichen Aufständen mit religiöser Färbung und in der neueren Zeit im Anfang jeder proletarischen Bewegung antreffen. Diese aszetische Sittenstrenge, diese Forderung der Lossagung von allen Lebensgenüssen und Vergnügungen stellt einerseits gegenüber den herrschenden Klassen das Prinzip der spartanischen Gleichheit auf und ist andererseits eine notwendige Durchgangsstufe, ohne die die unterste Schichte der Gesellschaft sich nie in Bewegung setzen kann. Um ihre revolutionäre Energie zu entwickeln, um über ihre feindselige Stellung gegenüber allen anderen Elementen der Gesellschaft sich selbst klar zu werden, um sich als Klasse zu konzentrieren, muss sie damit anfangen, alles das von sich abzustreifen, was sie noch mit der bestehenden Gesellschaftsordnung versöhnen könnte, muss sie den wenigen Genüssen entsagen, die ihr die unterdrückte Existenz noch momentan erträglich machen und die selbst der härteste Druck ihr nicht entreißen kann. Dieser p l e b e j i s c h e u n d p r o l e t a r i s c h e A s z e t i s m u s unterscheidet sich sowohl seiner wildfanatischen Form wie seinem Inhalt nach durchaus von dem b ü r g e r l i c h e n Aszetismus, wie ihn die bürgerliche, lutherische Moral und die englischen Puritaner (im Unterschied von den Independenten und weitergehenden Sekten) predigten, und dessen ganzes Geheimnis die b ü r g e r l i c h e S p a r s a m k e i t ist. Es versteht sich übrigens, dass dieser plebejisch-proletarische Aszetismus in demselben Maße seinen revolutionären Charakter verliert, in welchem einerseits die Entwicklung der modernen Produktivkräfte das Material des Genießens ins Unendliche vermehrt und damit die spartanische Gleichheit überflüssig macht, und andererseits die Lebensstellung des Proletariats und damit das Proletariat selbst immer revolutionärer wird. Er verschwindet dann allmählich aus der Masse, und verläuft sich bei den Sektierern, die sich auf ihn steifen, entweder direkt in die bürgerliche Knickerei oder in ein hochtrabendes Tugendrittertum, das in der Praxis ebenfalls auf eine spießbürgerliche oder zunfthandwerkermäßige Knauserwirtschaft hinauskommt. Der Masse des Proletariats braucht die Entsagung umso weniger gepredigt zu werden, als sie fast nichts mehr hat, dem sie noch entsagen könnte.

Die Bußpredigt Pfeiferhänsleins fand großen Anklang; alle Aufstandspropheten begannen mit ihr, und in der Tat konnte nur eine gewaltsame Anstrengung, eine plötzliche Lossagung von der ganzen gewohnten Daseinsweise dieses zersplitterte, dünngesäte, in blinder Unterwerfung herangewachsene Bauerngeschlecht in Bewegung setzen. Die Wallfahrten nach Niklashausen begannen und nahmen rasch überhand; und je massenhafter das Volk hinströmte, desto offener sprach. der junge Rebell seine Pläne aus. Die Mutter Gottes von Niklashausen habe ihm verkündet, predigte er, dass fortan kein Kaiser noch Fürst, noch Papst, noch andere geistliche oder weltliche Obrigkeit mehr sein sollte; ein jeder solle des anderen Bruder sein, sein Brot mit seiner Hände Arbeit gewinnen und keiner mehr haben als der andere. Alle Zinsen, Gülten, Frohnen,

Zoll, Steuer und andere Abgaben und Leistungen sollten für ewig ab, und Wald, Wasser und Weide überall frei sein.

Das Volk nahm dieses neue Evangelium mit Freuden auf. Rasch breitete sich der Ruhm des Propheten, „unsrer Frauen Botschaft", in die Ferne aus; vom Odenwald, vom Main, Kocher und Jart, ja von Bayern, Schwaben und vom Rhein zogen ihm Haufen von Pilgern zu. Man erzählte sich Wunder, die er getan haben sollte; man fiel auf die Knie vor ihm und betete ihn an wie einen Heiligen; man riss sich um die Zotteln von seiner Kappe, als ob es Reliquien und Amulette wären. Vergeblich traten die Pfaffen gegen ihn auf, schilderten seine Gesichte als Blendwerk des Teufels, seine Wunder als höllische Betrügereien. Die Masse der Gläubigen nahm reißend zu, die revolutionäre Sekte fing an sich zu bilden, die sonntäglichen Predigten des rebellischen Hirten riefen Versammlungen von 40 000 und mehr Menschen nach Niklashausen zusammen.

Mehrere Monate predigte Pfeiferhänslein vor den Massen. Aber er hatte nicht die Absicht, bei der Predigt zu bleiben. Er stand in geheimem Verkehr mit dem Pfarrer von Niklashausen und mit zwei Rittern, Kunz von Thunfeld und seinem Sohn, die zur neuen Lehre hielten und die militärischen Führer des beabsichtigten Aufstandes werden sollten. Endlich am Sonntag vor St. Kilian, als seine Macht groß genug zu sein schien, gab er das Signal. „Und nun, schloss er seine Predigt, gehet heim und erwäget, was Euch die allerheiligste Mutter Gottes verkündet hat; und lasset am nächsten Samstag Weiber und Kinder und Greise daheimbleiben, aber ihr, ihr Männer, kommet wieder her nach Niklashausen auf St. Margarethen Tag, das ist nächsten Samstag; und bringt mit Eure Brüder und Freunde, so viel ihrer sein mögen. Kommt aber nicht mit dem Pilgerstab, sondern angetan mit Wehr und Waffen, in der einen Hand die Wallkerze, in der anderen Schwert und Spieß oder Hellebarde; und die heilige Jungfrau wird Euch alsdann verkünden, was ihr Wille ist, das Ihr tun sollt."

Aber ehe die Bauern in Massen ankamen, hatten die Reiter des Bischofs den Aufruhrspropheten nächtlicher Weile abgeholt und aufs Würzburger Schloss gebracht. Am bestimmten Tage kamen an 34 000 bewaffnete Bauern, aber diese Nachricht wirkte niederschlagend auf sie. Der größte Teil verlief sich; die Eingeweihteren hielten gegen 16 000 zusammen und zogen mit ihnen vor das Schloss, unter der Führung Kunzens von Thunfeld und Michaels, seines Sohnes. Der Bischof brachte die durch Versprechungen wieder zum Abzug; aber kaum hatten sie angefangen sich zu zerstreuen, so wurden sie von des Bischofs Reitern überfallen und mehrere zu Gefangenen gemacht. Zwei wurden enthauptet, Pfeiferhänslein selbst aber wurde verbrannt. Kunz von Thunfeld wurde flüchtig und erst gegen Abtretung aller seiner Güter an das Stift wieder angenommen. Die Wallfahrten nach Niklashausen dauerten noch einige Zeit fort, wurden aber schließlich auch unterdrückt.

Nach diesem ersten Versuch blieb Deutschland wieder längere Zeit ruhig. Erst mit Ende der neunziger Jahre begannen neue Aufstände und Verschwörungen der Bauern.

Wir übergehen den holländischen Bauernaufstand von 1491 und 1492, der erst durch Herzog Albrecht von Sachsen in der Schlacht bei Heemskerk unterdrückt wurde, den gleichzeitigen Aufstand der Bauern der Abtei Kempten in Oberschwaben und den friesischen Aufstand unter Syaard Aylva um 1497, der ebenfalls durch Albrecht von Sachsen unterdrückt wurde. Diese Aufstände liegen teils zu weit vom Schauplatz des eigentlichen Bauernkriegs entfernt, teils sind sie Kämpfe bisher freier Bauern gegen den Versuch, ihnen den Feudalisminus aufzudrängen. Wir gehen gleich über zu den beiden großen Verschwörungen, die den Bauernkrieg vorbereiteten: dem B u n d s c h u h und dem a r m e n K o n r a d.

Dieselbe Teuerung, die in den Niederlanden den Aufstand der Bauern hervorgerufen hatte, brachte 1493 im Elsass einen geheimen Bund von Bauern und Plebejern zustande, bei dem sich auch Leute von der bloß bürgerlichen Oppositionspartei beteiligten und mit dem sogar ein Teil des niederen Adels mehr oder weniger sympathisierte. Der Sitz des Bundes war die Gegend von Schlettstadt, Sulz, Dambach, Roßheim, Scherweiler usw. Die Verschworenen verlangten Plünderung und Ausrottung der Juden, deren Wucher damals schon, so gut wie noch jetzt, die Elsasser Bauern aussog, Einführung eines Jubeljahres, mit dem alle Schulden verjähren sollten, Aufhebung des Zolls, Umgeldes und anderer Lasten, Abschaffung des geistlichen und rottweilschen (Reichs-)Gerichts, Steuerbewilligungsrecht, Beschränkung der Pfaffen auf je eine Pfründe von 50 bis 60 Gulden, Abschaffung der Ohrenbeichte und eigene, selbst gewählte Gerichte für jede Gemeinde. Der Plan der Verschworenen war, sobald man stark genug sei, das feste Schlettstadt zu überrumpeln, die Klöster- und Stadtkassen mit Beschlag zu belegen und von hier aus das ganze Elsass zu insurgieren. Die Bundesfahne, die im Moment der Erhebung entfaltet werden wollte, enthielt einen Bauernwchuh mit langen Binderiemen, den wogenannten B u n d s c h u h , der von nun an den Bauernverschwörungen der nächsten 20 Jahre Symbol und Namen gab.

Die Verschworenen pflegten ihre Zusammenkünfte des Nachts auf dem einsamen Hungerberg zu halten. Die Aufnahme in den Bund war mit den geheimnisvollsten Zeremonien und den härtesten Strafandrohungen gegen die Verräter verknüpft. Aber trotzdem kam die Sache aus, gerade als der Schlag gegen Schlettstadt geführt werden sollte, um die Charwoche 1493. Die Behörden schritten schleunig ein; viele der Verschworenen wurden verhaftet und gefoltert und teils geviertelt oder enthauptet, teils an Händen und Fingern verstümmelt und des Landes verwiesen. Eine große Zahl floh nach der Schweiz.

Aber mit dieser ersten Sprengung war der Bundschuh keineswegs vernichtet. Im Gegenteil, er bestand im Geheimen fort, und die vielen über die Schweiz und Süddeutschland zerstreuten Flüchtlinge wurden ebensoviel Emissäre, die, überall mit dem gleichen Druck die gleiche Neigung zum Aufstand vorfindend, den Bundschuh über das ganze jetzige Baden verbreiteten. Die Zähigkeit und Ausdauer, mit der die oberdeutschen Bauern von 1493 an dreißig Jahre lang konspirierten, mit der sie alle aus ihrer ländlich zerstreuten Lebensweise hervorgehenden Hindernisse einer größeren, zentralisierten Verbindung überwanden und nach unzähligen Sprengungen, Niederlagen, Hinrichtungen der Führer, immer von Neuem wieder konspirierten, bis endlich die Gelegenheit zum Aufstand in Masse kam – diese Hartnäckigkeit ist wirklich bewundernswert.

1502 zeigten sich im Bistum Speyer, das damals auch die Gegend von Bruchtal umfasste, Zeichen einer geheimen Bewegung unter den Bauern. Der Bundschuh hatte sich hier wirklich mit bedeutendem Erfolg reorganisiert. An 7 000 Männer waren in der Verbindung, deren Zentrum zu Untergrombach, zwischen Bruchtal und Weingarten, war und deren Verzweigungen sich den Rhein hinab bis an den Main, hinauf bis über die Markgrafschaft Baden erstreckten. Ihre Artikel enthielten: Es solle kein Zins noch Zehnt, Steuer oder Zoll mehr an Fürsten, Adel und Pfaffen gezahlt werden; die Leibeigenschaft solle abgetan sein; die Klöster und sonstigen geistlichen Güter eingezogen und unter das Volk verteilt und kein anderer Herr mehr anerkannt werden als der Kaiser.

Wir finden hier zum ersten Mal bei den Bauern die beiden Forderungen der Säkularisation der geistlichen Güter zum Besten des Volks und der einigen und unteilbaren deutschen Monarchie ausgesprochen; zwei

Forderungen, die von nun an bei der entwickelteren Fraktion der Bauern und Plebejer regelmäßig wiedererscheinen, bis Thomas Münzer die Teilung der geistlichen Güter in ihre Konfiskation zum Besten der Gütergemeinschaft und das einige deutsche Kaisertum in die einige und unteilbare Republik verwandelt.

Der erneuerte Bundschuh hatte, wie der alte, seinen geheimen Versammlungsort, seinen Eid der Verschwiegenheit, seine Aufnahme-Zeremonien und seine Bundschuhfahne mit der Inschrift: „Nichts denn die Gerechtigkeit Gottes!" Der Plan der Handlung war dem der Elsasser ähnlich; Bruchtal, wo die Majorität der Einwohner im Bunde war, sollte überrumpelt, dort ein Bundesheer organisiert und als wandelndes Sammlungszentrum in die umliegenden Fürstentümer geschickt werden.

Der Plan wurde verraten durch einen Geistlichen, dem einer der Verschworenen ihn gebeichtet hatte. Sogleich ergriffen die Regierungen Gegenmaßregeln. Wie weit der Bund verzweigt war, zeigt sich aus dem Schrecken, der die verschiedenen Elsasser Reichsstände und den schwäbischen Bund ergriff. Man zog Truppen zusammen und ließ massenhafte Verhaftungen bewerkstelligen. Kaiser Maximilian, der „letzte Ritter", erließ die blutdürstigsten Strafverordnungen gegen das unerhörte Unternehmen der Bauern. Hier und dort kam es zu Zusammenrottungen und bewaffnetem Widerstand; doch hielten sich die vereinzelten Bauernhaufen nicht lange. Einige der Verschworenen wurden hingerichtet, manche flohen; doch wurde das Geheimnis so gut bewahrt, dass die meisten, selbst der Führer, entweder in ihren eigenen Ortschaften oder doch in benachbarter Herren Ländern ganz ungestört bleiben konnten.

Nach dieser neuen Niederlage trat wieder eine längere scheinbare Stille in den Klassenkämpfen ein. Aber unter der Hand wurde fortgearbeitet. In Schwaben bildete sich, offenbar in Verbindung mit den zersprengten Mitgliedern des Bundschuhs, schon in den ersten Jahren des sechzehnten Jahrhunderts der arme Konrad; im Schwarzwald bestand der Bundschuh in einzelnen kleineren Kreisen fort, bis es nach zehn Jahren einem energischen Bauernchef gelang, die einzelnen Fäden wieder zu einer großen Verschwörung zusammenzuknüpfen. Beide Verschwörungen traten kurz nacheinander in die Öffentlichkeit und fallen in die bewegten Jahre 1513 bis 1515, in denen gleichzeitig die schweizerischen, ungarischen und slowenischen Bauern eine Reihe von bedeutenden Insurrektionen machen.

Der Wiederhersteller des oberrheinischen Bundschuhs war J o ß F r i t z aus Untergrombach, Flüchtling von der Verschwörung von 1502, ein ehemaliger Soldat und ein in jeder Beziehung hervorragender Charakter. Er hatte sich seit seiner Flucht zwischen Bodensee und Schwarzwald an verschiedenen Orten aufgehalten und sich schließlich in Lehen bei Freiburg im Breisgau niedergelassen, wo er sogar Bannwart geworden war. Wie er von hier aus die Verbindung reorganisierte, wie geschickt er die verschiedenartigsten Leute hineinzubringen wusste, darüber enthalten die Untersuchungsakten die interessantesten Details. Es gelang dem diplomatischen Talent und der unermüdlichen Ausdauer dieses Musterverschwörers, eine ungemeine Anzahl von Leuten der verschiedensten Klassen in den Bund zu verwickeln: Ritter, Pfaffen, Bürger, Plebejer und Bauern; und es scheint ziemlich sicher, dass er sogar mehrere, mehr oder minder scharf geschiedene Grade der Verschörung organisierte. Alle brauchbaren Elemente wurden mit der größten Umsicht und Geschicklichkeit benutzt. Außer den eingeweihteren Emissären, die in den verschiedensten Verkleidungen das Land durchstreiften, wurden die Landstreicher und Bettler zu den untergeordneteren Missionen verwandt. Mit den Bettlerkönigen stand Joß in direktem Verkehr und hielt durch sie die ganze zahlreiche Vagabundenbevölkerung unter der Hand. Diese Bettlerkönige spielen in seiner Verschwörung eine bedeutende Rolle. Es waren höchst originelle Figuren: einer zog mit einem Mädchen umher, auf dessen angeblich wunde Füße er bettelte; er trug mehr als acht Zeichen am Hut, die vierzehn Nothelfer, St. Ottilien, unsere Frauen u. a., dazu einen langen roten Bart und einen großen Knotenstock mit Dolch und Stachel; ein anderer, der um St. Veltens willen heischte, hatte Gewürz und Wurmsamen feil, trug einen eisenfarbenen langen Rock, ein rotes Barett und das Kindlein von Trient daran, einen Degen an der Seite und viele Messer nebst einem Dolch im Gürtel; andere hatten künstlich offengehaltene Wunden, dazu ähnliche abenteuerliche Kostüme. Es waren ihrer mindestens zehn; sie sollten, gegen 2 000 Gulden Belohnung, zu gleicher Zeit im Elsass, in der Markgrafschaft Baden, und im Breisgau Feuer anlegen und sich mit wenigstens 2 000 Mann der Ihrigen auf dem Tag der Zaberner Kirchweih in Rosen unter das Kommando Georg Schneiders, eines ehemaligen Landsknechthauptmanns stellen, um die Stadt einzunehmen. Unter den eigentlichen Bundesmitgliedern wurde von Station zu Station ein Staffettendienst eingerichtet, und Joß Fritz und sein Hauptemissär,

Stoffel von Freiburg, ritten fortwährend von Ort zu Ort und nahmen nächtliche Heerschau ab über die Neuangeworbenen. Über die Verbreitung des Bundes am Oberrhein und im Schwarzwald legen die Untersuchungsakten hinreichend Zeugnis ab; sie enthalten unzählige Namen von Mitgliedern, nebst den Signalements, aus den verschiedensten Orten jener Gegend. Die meisten sind Handwerksgesellen, dann Bauern und Wirte, einige Adelige, Pfaffen (so der von Lehen selbst) und brotlose Landsknechte. Man sieht schon aus dieser Zusammensetzung den viel entwickelteren Charakter, den der Bundschuh unter Joß Fritz angenommen hatte; das plebejische Element der Städte fing an, sich mehr und mehr geltend zu machen. Die Verzweigungen der Verschwörung gingen über den ganzen Elsass, das jetzige Baden, bis nach Württemberg und an den Main. Zuweilen wurden auf abgelegenen Bergen, auf dem Kniebis usw., größere Versammlungen gehalten und die Bundesangelegenheiten beraten. Die Zusammenkünfte der Chefs, denen die Mitglieder der Lokalität sowie Delegierte der entfernteren Ortschaften häufig beiwohnten, fanden auf der Hartmatte bei Lehen statt, und hier wurden auch die vierzehn Bundesartikel angenommen. Kein Herr mehr als der Kaiser und (nach einigen) der Papst; Abschaffung des rottweilschen, Beschränkung des geistlichen Gerichts auf geistliche Sachen; Abschaffung aller Zinsen, die so lange gezahlt seien, bis sie dem Kapital gleichkämen; fünf Prozent Zinsen als höchster erlaubter Satz, Freiheit der Jagd, Fischerei, Weide und Holzung; Beschränkung der Pfaffen auf je eine Pfründe; Konfiskation der geistlichen Güter und Klosterkleinodien für die Bundeskriegskasse; Abschaffung aller unbilligen Steuern und Zölle; ewiger Friede in der gesamten Christenheit; energisches Einschreiten gegen alle Gegner des Bundes; Bundessteuer; Einnahme einer festen Stadt – Freiburgs –, um dem Bunde zum Zentrum zu dienen; Eröffnung von Unterhandlungen mit dem Kaiser, sobald die Bundeshaufen versammelt seien, und mit der Schweiz, im Fall der Kaiser abschlage – das sind die Punkte, über die man übereinkam. Man sieht aus ihnen, wie einerseits die Forderungen der Bauern und Plebejer eine immer bestimmtere und festere Gestalt annahmen, andererseits den Gemäßigten und Zaghaften in demselben Maße Konzessionen gemacht werden mussten.

Gegen Herbst 1513 sollte losgeschlagen werden. Es fehlte nur noch an der Bundesfahne, und diese malen zu lassen, ging Joß Fritz nach Heilbronn. Sie enthielt neben allerlei Emblemen und Bildern den Bundschuh und die Inschrift: Herr, steh' deiner göttlichen Gerechtigkeit bei. Aber während er fort war, wurde ein übereilter Versuch zur Überrumpelung von Freiburg gemacht und vor der Zeit entdeckt; einige Indiskretionen bei der Propaganda halfen dem Freiburger Rat und dem badischen Markgrafen auf die richtige Spur, und der Verrat zweier Verschworenen vollendete die Reihe der Enthüllungen. Sofort sandten der Markgraf, der Freiburger Rat und die kaiserliche Regierung zu Ensisheim ihre Häscher und Soldaten aus; eine Anzahl Bundschuher wurde verhaftet, gefoltert und hingerichtet; doch auch diesmal entkamen die meisten, namentlich Joß Fritz. Die Schweizer Regierungen verfolgten die Flüchtlinge diesmal mit großer Heftigkeit und richteten selbst mehrere hin; aber sie konnten ebensowenig wie ihre Nachbarn verhindern, dass der größte Teil der Flüchtigen fortwährend in der Nähe seiner bisherigen Wohnorte blieb und nach und nach sogar zurückkehrte. Am meisten wütete die Elsasser Regierung in Ensisheim; auf ihren Befehl wurden sehr viele geköpft, gerädert und geviertelt. Joß Fritz selbst hielt sich meist auf dem schweizerischen Rheinufer auf, ging aber häufig nach dem Schwarzwald herüber, ohne dass man seiner je habhaft werden konnte.

Warum die Schweizer diesmal sich mit den Nachbarregierungen gegen die Bundschuher verbanden, das zeigt der Bauernaufstand, der im nächsten Jahre, 1514, in B e r n, S o l o t h u r n und L u z e r n zum Ausbruch kam und eine Reinigung der aristokratischen Regierungen und des Patriziats zur Folge hatte. Die Bauern setzten außerdem manche Vorrechte für sich durch. Wenn diese schweizerischen Lokalaufstände gelangen, so lag dies einfach daran, dass in der Schweiz noch weit weniger Zentralisation bestand als in Deutschland. Mit ihren Lokalherren wurden die Bauern auch 1525 überall fertig, aber den organisierten Heeresmassen der Fürsten erlagen sie, und gerade diese existierten nicht in der Schweiz.

Gleichzeitig mit dem Bundschuh in Baden und offenbar in direkter Verbindung mit ihm hatte sich in Württemberg eine zweite Verschwörung gebildet. Sie bestand urkundlich schon seit 1503, und da der Name Bundschuh seit der Sprengung des Untergrombacher zu gefährlich wurde, nahm sie den des a r m e n K o n r a d an. Ihr Hauptsitz war das Remstal, unterhalb des Hohenstaufenberges. Ihre Existenz war wenistens unter dem Volk schon lange kein Geheimnis mehr. Der schamlose Druck der Regierung Herzog Ulrichs und eine Reihe von Hungerjahren, die zum Ausbruch der Bewegungen von 1513 und 14 mächtig beitrugen, hatten die Zahl der Verbündeten verstärkt; die neuaufgelegten Steuern auf Wein, Fleisch und Brot sowie eine Kapitalsteuer von einem Pfennig jährlich für jeden Gulden, riefen den Ausbruch hervor. Die Stadt Schorndorf, wo die Häupter des Komplotts in des Messerschmieds Kaspar Pregizer Haus zusammenkamen, sollte zuerst genommen werden. Im Frühjahr 1514 brach der Aufstand los. 3 000, nach anderen 5 000, Bauern zogen vor die Stadt, wurden aber durch gütliche Versprechungen der herzoglichen Beamten wieder zum Abzug bewogen: Herzog Ulrich eilte herbei mit achtzig Reitern, nachdem er die Aufhebung der neuen Steuern zugesagt hatte, und fand infolge dieses Versprechens alles ruhig. Er versprach, einen Landtag zu berufen, um dort alle Beschwerden untersuchen zu lassen. Aber die Chefs der Verbindung wussten sehr gut, dass Ulrich weiter nichts beabsichtigte, als das Volk so lange ruhig zu halten, bis er hinreichende Truppen angeworben und zusammengezogen habe, um sein Wort brechen und die Steuern mit Gewalt eintreiben zu können. Sie ließen daher von Kaspar Pregizers Haus, „des armen Konrads Kanzlei", Aufforderungen zu einem Bundeskongress ausgehen, den Emissäre nach allen Richtungen hin unterstützten. Der Erfolg der ersten Erhebung im Remstal hatte die Bewegung unter dem Volk überall gehoben; die Schreiben und Emissäre fanden überall ein günstiges Terrain vor, und so wurde der am 28, Mai in Untertürkheim abgehaltene Kongress zahlreich von allen Teilen Württembergs beschickt. Es wurde beschlossen, schleunig fortzuagitieren und bei der ersten Gelegenheit im Remstal loszuschlagen, um von hier aus den Aufstand weiterzuverbreiten. Während Bantelhans von Dettingen, ein ehemaliger Soldat, und Singerhans von Würtingen, ein angesehener Bauer, die schwäbische Alp in den Bund brachten, brach schon von allen Seiten der Aufstand los. Singerhans wurde zwar überfallen und gefangen, aber die Städte Backnang, Winnenden, Markgrönningen fielen in die Hände der mit den Plebejern verbündeten Bauern, und das ganze Land von Weinsberg bis Blaubeuren und von dort bis an die badische Grenze war in offener Insurrektion; Ulrich musste nachgeben. Während er aber den Landtag auf den 25. Juni einberief, schrieb er zu gleicher Zeit an die umliegenden Fürsten und freien Städte um Hülfe gegen den Aufstand, der alle Fürsten, Obrigkeit und Ehrbarkeit im Reich gefährde und „ein seltsam bundschühlich Ansehen habe."

Inzwischen kam der Landtag, d.h. die Abgeordneten der Städte und viele Delegierte der Bauern, die ebenfalls Sitz auf dem Landtag verlangten, schon am 18. Juni in Stuttgart zusammen. Die Prälaten waren noch nicht da, die Ritter waren gar nicht eingeladen. Die Stuttgarter städtische Opposition, sowie zwei nahe, drohende Bauernhaufen, zu Leonberg und im Remstal, unterstützten die Forderungen der Bauern. Ihre Delegierten wurden zugelassen, und man beschloss, die drei verhassten Räte des Herzogs, Lamparter, Thumb und Lorcher abzusetzen und zu bestrafen, einen Rat von vier Rittern, vier Bürgern und vier Bauern dem Herzog beizugeben, ihm eine fixe Zivilliste zu bewilligen, und die Klöster und Stifte zum Besten des Staatsschatzes zu konfiszieren.

Herzog Ulrich setzte diesen revolutionären Beschlüssen einen Staatsstreich entgegen. Er ritt am 21. Juni mit seinen Rittern und Räten nach Tübingen, wohin ihm die Prälaten folgten, befahl der Bürgerschaft ebenfalls dorthin zu kommen, was auch geschah, und setzte hier den Landtag ohne die Bauern fort. Hier verrieten die Bürger, unter den militärischen Terrorismus gestellt, ihre Bundesgenossen, die Bauern. Am 8. Juli kam der Tübinger Vertrag zustande, der dem Lande beinahe eine Million herzoglicher Schulden, dem Herzog einige Beschränkungen auflegte, die er nie einhielt, und die Bauern mit einigen dünnen allgemeinen Redensarten und einem sehr positiven Strafgesetz gegen Aufruhr und Verbindungen abspeiste. Von Vertretung der Bauern auf dem Landtag war natürlich keine Rede mehr. Das Landvolk schrie über Verrat, aber da der Herzog, seit der Übernahme seiner Schulden durch die Stände, wieder Kredit hatte, so brachte er bald Truppen zusammen, und auch seine Nachbarn, besonders der Kurfürst von der Pfalz, schickten Hilfstruppen. So wurde bis Ende Juli der Tübinger Vertrag vom ganzen Lande angenommen und die neue Huldigung geleistet. Nur im Remstal leistete der arme Konrad Widerstand; der Herzog, der wieder selbst hinritt, wurde fast ermordet und ein Bauernlager auf dem Kappelberg gebildet. Aber als die Sache sich in die Länge zog, verliefen sich die meisten Insurgenten wieder aus Mangel an Lebensmitteln, und der Rest ging infolge eines zweideutigen Vertrags mit einigen Landtagsabgeordneten ebenfalls heim. Ulrich, dessen Heer inzwischen noch durch die bereitwillig gestellten Fähnlein der Städte verstärkt wurde, die sich jetzt nach Erlangung ihrer Forderungen fanatisch gegen die Bauern kehrten, Ulrich überfiel jetzt trotz des Vertrags das Remstal, dessen Städte und Dörfer geplündert wurden. 1600 Bauern wurden verhaftet, davon 16 sofort enthauptet, die übrigen meist zu schweren Geldstrafen zum Besten von Ulrichs Kasse verurteilt. Viele blieben lange im Gefängnis. Gegen die Erneuerung der Verbindung, gegen alle Versammlungen der Bauern wurden strenge Strafgesetze erlassen, und der schwäbische Adel schloss einen speziellen Bund zur Unterdrückung aller Aufstandsversuche. – Die Hauptführer des armen Konrad waren indes glücklich nach der Schweiz entkommen und kamen von dort nach einigen Jahren meist einzeln wieder nach Hause.

Gleichzeitig mit der württembergischen Bewegung zeigten sich Symptome neuer Bundschuh-Umtriebe im Breisgau und in der Markgrafschaft Baden. Bei Bühl wurde im Juni ein Versuch zum Aufstand gemacht, aber vom Markgrafen Philipp gleich gesprengt, und der Führer Gugel-Bastian in Freiburg verhaftet und enthauptet.

In demselben Jahr 1514, ebenfalls im Frühjahr, kam in Ungarn ein allgemeiner Bauernkrieg zum Ausbruch. Es wurde ein Kreuzzug wider die Türken gepredigt und wie gewöhnlich den Leibeigenen und Hörigen, die sich anschlössen, die Freiheit zugesagt. Gegen 60 000 kamen zusammen und wurden unter das Kommando Georg Dosas, eines Szellers, gestellt, der sich schon in früheren Türkenkriegen ausgezeichnet und den Adel erworben hatte. Aber die ungarischen Ritter und Magnaten sahen nur ungern diesen Kreuzzug, der ihnen ihr Eigentum, ihre Knechte zu entziehen drohte. Sie eilten den einzelnen Bauernhaufen nach und holten ihre Leibeigenen mit Gewalt und unter Misshandlungen zurück. Als dies im Kreuzheer bekannt wurde, brach die Wut der unterdrückten Bauern los. Zwei der eifrigsten Kreuzprediger, Laurentius und Barnabas, stachelten den Hass gegen den Adel im Heer durch ihre revolutionären Reden noch heftiger an. Dosa selbst teilte den Zorn seiner Truppen gegen den verräterischen Adel; das Kreuzheer wurde eine Revolutionsarmee, und er stellte sich an die Spitze dieser neuen Bewegung.

Er lagerte mit seinen Bauern auf dem Rakosfelde bei Pest. Die Feindseligkeiten wurden eröffnet durch Streitigkeiten mit den Leuten der Adelspartei in den umliegenden Dörfern und den Pester Vorstädten; bald kam es zu Scharmützeln, endlich zu einer sizilianischen Vesper für alle Adeligen, die den Bauern in die Hände fielen, und zur Niederbrennung aller umliegenden Schlösser. Der Hof drohte, aber umsonst. Als die erste Volksjustiz unter den Mauern der Hauptstadt am Adel vollstreckt war, schritt Dosa zu weiteren Operationen. Er teilte sein Heer in fünf Kolonnen. Zwei wurden nach dem oberungarischen Gebirge geschickt, um hier alles zu insurgieren und den Adel auszurotten. Die dritte, unter Ambros Szaleves, einem

Pester Bürger, blieb zur Beobachtung der Hauptstadt auf dem Rakos; die vierte und fünfte führten Dosa und sein Bruder Gregor gegen Szegedin.

Inzwischen sammelte sich der Adel in Pest und rief den Woiwoden von Siebenbürgen, Johann Zapolya, zu Hilfe. Der Adel, in Gemeinschaft mit den Bürgern von Budapest, schlug und vernichtete das auf dem Rakos lagernde Korps, nachdem Szaleves mit den bürgerlichen Elementen des Bauernheeres zum Feinde übergegangen war. Eine Menge Gefangener wurden auf die grausamste Weise hingerichtet, der Rest mit abgeschnittenen Nasen und Ohren nach Hause geschickt.

Dosa scheiterte vor Szegedin und zog gegen Tschanad, das er eroberte, nachdem er ein Adelsheer unter Batory Istvan und dem Bischof Csakyi geschlagen und an den Gefangenen, worunter auch der Bischof und der königliche Schatzmeister Telecki, blutige Repressalien für die Grausamkeiten auf dem Rakos genommen hatte. In Tschanad proklamierte er die Republik, die Abschaffung des Adels, die allgemeine Gleichheit und die Souveränität des Volkes und zog dann gegen Temesvar, wohinein sich Batory geworfen hatte. Aber während er diese Festung zwei Monate lang belagerte und durch ein neues Heer unter Anton Hosza verstärkt wurde, erlagen die beiden oberungarischen Heerhaufen in mehreren Schlachten vor dem Adel und rückte Johann Zapolya mit der siebenbürgischen Armee gegen ihn an. Die Bauern wurden von Zapolya überfallen und zersprengt, Dosa selbst gefangen, auf einem glühenden Thron gebraten und von seinen eigenen Leuten, die nur unter dieser Bedingung das Leben geschenkt erhielten, lebendig gegessen. Die versprengten Bauern, von Laurentius und Hosza wieder gesammelt, wurden nochmals geschlagen und alles, was den Feinden in die Hände fiel, gepfählt oder gehängt. Zu Tauwenden hingen die Bauernleichen die Straßen entlang oder an den Eingängen verbrannter Dörfer. An 60 000 sollen teils gefallen, teils massakriert sein. Der Adel aber trug Sorge, auf dem nächsten Landtag die Knechtschaft der Bauern abermals als Gesetz des Landes zur Anerkennung zu bringen.

Der Bauernaufstand in der „windischen Mark", d.h. in Kärnten, Krain und Steiermark, der um dieselbe Zeit losbrach, beruhte auf einer bundschuhartigen Verschwörung, die sich in dieser, von Adel und kaiserlichen Beamten ausgesogenen, von Türkeneinfällen verheerten und von Hungersnot geplagten Gegend schon 1503 gebildet und einen Aufstand hervorgerufen hatte. Die slowenischen Bauern dieser Gegend sowohl wie die deutschen erhoben schon 1513 wieder die Kriegsfahne der *stara prawa* (der alten Rechte), und wenn sie auch in diesem Jahr sich nochmals beschwichtigen ließen, wenn sie 1514, wo sie sich noch massenhafter zusammenrotteten, durch Kaiser Maximilians ausdrückliche Zusage, die alten Rechte wieder herzustellen, zum Auseinandergehen bewogen wurden, so brach 1515 im Frühjahr der Rachekrieg des stets getäuschten Volkes umso heftiger los. Wie in Ungarn wurden Schlösser und Klöster überall zerstört und die gefangenen Adeligen von Bauerngeschworenen gerichtet und enthauptet. In Steiermark und Kärnten gelang es dem kaiserlichen Hauptmann Dietrichstein, den Aufstand bald zu dämpfen; in Krain wurde er erst durch den Überfall von Rain (Herbst 1516) und durch die darauf folgenden, den Infamien des ungarischen Adels sich würdig anschließenden, zahllosen österreichischen Grausamkeiten unterdrückt.

Man begreift, dass nach einer Reihe so entscheidender Niederlagen und nach diesen massenhaften Grausamkeiten des Adels die Bauern in Deutschland eine längere Zeit ruhig waren. Und doch hörten weder die Verschwörungen noch die Lokalaufstände ganz auf. Schon 1516 kamen die meisten Flüchtlinge vom Bundschuh und armen Konrad nach Schwaben und dem Oberrhein zurück, und 1517 war der Bundschuh im Schwarzwald wieder in vollem Gange. Joß Fritz selbst, der noch immer die alte Bundschuhfahne von 1513 auf der Brust versteckt mit sich führte, durchstreifte den Schwarzwald wieder und entwickelte große Tätigkeit. Die Verschwörung organisierte sich aufs Neue. Wie vor vier Jahren, wurden wieder Versammlungen auf dem Kniebis angesagt. Aber das Geheimnis wurde nicht gehalten, die Regierungen erfuhren die Sache und schritten ein. Mehrere wurden gefangen und hingerichtet; die tätigsten und intelligentesten Mitglieder mussten fliehen, unter ihnen Joß Fritz, dessen man auch diesmal nicht habhaft wurde, der aber bald darauf in der Schweiz gestorben zu sein scheint, da er von jetzt an nirgends mehr genannt wird.

IV

Um dieselbe Zeit, wo im Schwarzwald die vierte Bundschuhverschwörung unterdrückt wurde, gab Luther in Wittenberg das Signal zu der Bewegung, die alle Stände mit in den Strudel reißen und das ganze Reich erschüttern sollte. Die Thesen des thüringischen Augustiners zündeten wie ein Blitz in ein Pulverfass. Die mannigfaltig durcheinanderkreuzenden Bestrebungen der Ritter wie der Bürger, der Bauern wie der Plebejer, der souveränetätssüchtigen Fürsten wie der niederen Geistlichkeit, der mystizisierenden verborgenen Sekten wie der gelehrten und satirisch-burlesken Schriftsteileropposition erhielten in ihnen einen zunächst gemeinsamen, allgemeinen Ausdruck, um den sie sich mit überraschender Schnelligkeit gruppierten. Diese über Nacht gebildete Allianz aller Oppositions-Elemente, so kurz ihre Dauer war, enthüllte plötzlich die ungeheure Macht der Bewegung und trieb sie umso rascher voran.

Aber eben diese rasche Entwicklung der Bewegung musste auch sehr bald die Keime des Zwiespalts entwickeln, die in ihr lagen, musste wenigstens die durch ihre ganze Lebensstellung direkt einander entgegenstehenden Bestandteile der erregten Masse wieder voneinander reißen und in ihre normale feindliche Stellung bringen. Diese Sammlung der bunten Oppositionsmasse um zwei Mittelpunkte trat schon in den ersten Jahren der Reformation hervor; Adel und Bürger gruppierten sich unbedingt um Luther; Bauern und Plebejer, ohne schon in Luther einen direkten Feind zu sehen, bildeten wie früher eine besondere revolutionäre Oppositionspartei. Nur dass die Bewegung jetzt viel allgemeiner, viel tiefergreifend war als vor Luther, und dass damit die Notwendigkeit des scharf ausgesprochenen Gegensatzes, der direkten Bekämpfung beider Parteien untereinander gegeben war. Dieser direkte Gegensatz trat bald ein; Luther und Münzer bekämpften sich in der Presse und auf der Kanzel, wie die größtenteils aus lutherischen oder wenigstens zum Luthertum hinneigenden Kräften bestehenden Heere der Fürsten, Ritter und Städte die Haufen der Bauern und Plebejer zersprengten.

Wie sehr die Interessen und Bedürfnisse der verschiedenen Elemente, die die Reformation angenommen, auseinandergingen, zeigt schon vor dem Bauernkrieg der Versuch des Adels, seine Forderungen gegenüber den Fürsten und Pfaffen durchzusetzen.

Wir haben schon oben gesehen, welche Stellung der deutsche Adel im Anfang des sechzehnten Jahrhunderts einnahm. Er war im Begriff, seine Unabhängigkeit an die immer mächtiger werdenden weltlichen und geistlichen Fürsten zu verlieren. Er sah zu gleicher Zeit, in demselben Maße wie er sank, auch die Reichsgewalt sinken und das Reich sich in eine Anzahl souveräner Fürstentümer auflösen. Sein Untergang musste für ihn mit dem Untergang der Deutschen als Nation zusammenfallen. Dazu kam, dass der Adel, besonders der reichsunmittelbare Adel, derjenige Stand war, der sowohl durch seinen militärischen Beruf wie durch seine Stellung gegenüber den Fürsten das Reich und die Reichsgewalt besonders vertrat. Er war der nationalste Stand, und je mächtiger die Reichsgewalt, je schwächer und je weniger zahlreich die Fürsten, je einiger Deutschland, desto mächtiger war er. Daher der allgemeine Unwille der Ritterschaft über die erbärmliche politische Stellung Deutschlands, über die Ohnmacht des Reichs nach außen, die in demselben Maße zunahm, als das Kaiserhaus durch Erbschaft eine Provinz nach der anderen an das Reich anhing, über die Intrigen fremder Mächte im Innern Deutschlands und die Komplotte deutscher Fürsten mit dem Ausland gegen die Reichsgewalt. Die Forderungen des Adels mussten sich also vor allem in der Forderung einer Reichsreform zusammenfassen, deren Opfer die Fürsten und die höhere Geistlichkeit werden sollten. Diese Zusammenfassung übernahm Ulrich von Hutten, der theoretische Repräsentant des deutschen Adels, in Gemeinschaft mit Franz von Sickingen, seinem militärischen und staatsmännischen Repräsentanten.

Hutten hat seine im Namen des Adels geforderte Reichsreform sehr bestimmt ausgesprochen und sehr radikal gefasst. Es handelte sich um nichts Geringeres als um die Beseitigung sämtlicher Fürsten, die Säkularisation sämtlicher geistlichen Fürstentümer und Güter, um die Herstellung einer Adelsdemokratie mit monarchischer Spitze, ungefähr wie sie in den besten Tagen der weiland polnischen Republik bestanden hat. Durch die Herstellung der Herrschaft des Adels, der vorzugsweise militärischen Klasse, durch die Entfernung der Fürsten, der Träger der Zersplitterung, durch die Vernichtung der Macht der Pfaffen und durch die Losreißung Deutschlands von der geistlichen Herrschaft Roms glaubten Hutten und Sickingen das Reich wieder einig, frei und mächtig zu machen.

Die auf der Leibeigenschaft beruhende Adelsdemokratie, wie sie in Polen und in etwas modifizierter Form in den ersten Jahrhunderten der von den Germanen eroberten Reiche bestanden hat, ist eine der rohesten Gesellschaftsformen und entwickelt sich ganz normal weiter zur ausgebildeten Feudalhierarchie, die schon eine bedeutend höhere Stufe ist. Diese reine Adelsdemokratie war also in Deutschland im sechzehnten Jahrhundert unmöglich. Sie war schon unmöglich, weil überhaupt bedeutende und mächtige Städte in Deutschland bestanden. Auf der anderen Seite war aber auch jene Allianz des niederen Adels und der Städte unmöglich, die in England die Verwandlung der feudalständischen Monarchie in die bürgerlich-konstitutionelle zustande. brachte. In Deutschland hatte sich der alte

Adel erhalten, in England war er durch die Rosenkriege bis auf 28 Familien ausgerottet und wurde durch einen neuen Adel bürgerlichen Ursprungs und mit bürgerlichen Tendenzen ersetzt; in Deutschland bestand die Leibeigenschaft fort und der Adel hatte f e u d a l e Einkommenquellen, in England war sie fast ganz beseitigt und der Adel war einfacher bürgerlicher Grundbesitzer mit der b ü r g e r l i c h e n Einkommenquelle: der Grundrente. Endlich war die Zentralisation der absoluten Monarchie, die in Frankreich seit Ludwig XI. durch den Gegensatz von Adel und Bürgerschaft bestand und sich immer weiter ausbildete, schon darum in Deutschland unmöglich, weil hier überhaupt die Bedingungen der nationalen Zentralisation gar nicht oder nur unentwickelt vorhanden waren.

Je mehr unter diesen Verhältnissen Hutten sich auf die praktische Durchführung seines Ideals einließ, desto mehr Konzessionen musste er machen und desto unbestimmter mussten die Umrisse seiner Reichsreform werden. Der Adel allein war nicht mächtig genug, das Unternehmen durchzusetzen, das bewies seine wachsende Schwäche gegenüber den Fürsten. Man musste Bundesgenossen haben, und die einzig möglichen waren die Städte, die Bauern und die einflussreichen Theoretiker der Reformationsbewegung. Aber die Städte kannten den Adel hinreichend, um ihm nicht zu trauen. und jedes Bündnis mit ihm zurückzuweisen. Die Bauern sahen im Adel, der sie aussog und misshandelte, mit vollem Recht ihren bittersten Feind. Und die Theoretiker hielten es entweder mit den Bürgern, Fürsten, oder den Bauern. Was sollte auch der Adel den Bürgern und Bauern Positives versprechen von einer Reichsreform, deren Hauptzweck immer die Hebung des Adels war? Unter diesen Umständen blieb Hutten nichts übrig als in seinen Propagandaschriften über die künftige gegenseitige Stellung des Adels, der Städte und der Bauern wenig oder gar nichts zu sagen, alles Übel auf die Fürsten und Pfaffen und die Abhängigkeit von Rom zu schieben und den Bürgern nachzuweisen, dass ihr Interesse ihnen gebiete, im bevorstehenden Kampf zwischen Fürsten und Adel sich mindestens neutral zu halten. Von Aufhebung der Leibeigenschaft und der Lasten, die der Bauer dem Adel schuldig war, ist bei Hutten nirgends die Rede.

Die Stellung des deutschen Adels gegenüber den Bauern war damals ganz dieselbe wie die des polnischen Adels zu seinen Bauern in den Insurrektionen seit 1830. Wie in den modernen polnischen Aufständen war damals in Deutschland die Bewegung nur durchzuführen durch eine Allianz aller Oppositionsparteien und namentlich des Adels mit den Bauern. Aber gerade diese Allianz war in beiden Fällen unmöglich. Weder war der Adel in die Notwendigkeit versetzt, seine politischen Privilegien und seine Feudalgerechtsame gegenüber den Bauern aufzugeben, noch konnten die revolutionären Bauern sich auf allgemeine unbestimmte Aussichten hin in eine Allianz mit dem Adel einlassen, mit dem Stand, der sie gerade am meisten bedrückte. Wie in Polen 1830, so konnte in Deutschland 1522 der Adel die Bauern nicht mehr gewinnen. Nur die gänzliche Beseitigung der Leibeigenschaft und Hörigkeit, das Aufgeben aller Adelsprivilegien hätte das Landvolk mit dem Adel vereinigen können; aber der Adel, wie jeder privilegierte Stand, hatte nicht die geringste Lust, seine Vorrechte, seine ganze Ausnahmestellung und den größten Teil seiner Einkommenquellen freiwillig aufzugeben.

Der Adel stand also schließlich, als es zum Kampfe kam, den Fürsten allein gegenüber. Dass die Fürsten, die ihm seit zwei Jahrhunderten fortwährend Terrain abgewonnen, ihn auch diesmal mit leichter Mühe erdrücken mussten, war vorherzusehen.

Der Verlauf des Kampfes selbst ist bekannt. Hutten und Sickingen, der schon als politisch-militärischer Chef des mitteldeutschen Adels anerkannt war, brachten 1522 zu Landau einen Bund des rheinischen, schwäbischen und fränkischen Adels auf sechs Jahre zustande, angeblich zur Selbstverteidigung; Sickingen zog ein Heer, teils aus eigenen Mitteln, teils in Verbindung mit den umliegenden Rittern, zusammen, organisierte Werbungen und Zuzüge in Franken, am Niederrhein, in den Niederlanden und Westfalen und eröffnete im September 1522 die Feindseligkeiten mit einer Fehdeerklärung an den Kurfürsten-Erzbischof von Trier. Aber während er vor Trier lag, wurden seine Zuzüge durch rasches Einschreiten der Fürsten abgeschnitten; der Landgraf von Hessen und der Kurfürst von der Pfalz zogen dem Trierer zu Hilfe und Sickingen musste sich in sein Schloss Landstuhl werfen. Trotz aller Bemühungen Huttens und seiner übrigen Freunde ließ ihn hier der verbündete Adel, eingeschüchtert durch die konzentrierte und rasche Aktion der Fürsten, im Stich; er selbst wurde tödlich verwundet, übergab dann Landstuhl und starb gleich darauf. Hutten musste in die Schweiz flüchten und starb wenige Monate später auf der Insel Ufnau im Zürchersee[1].

---

1   Anm. des Verlags: entspricht der Insel Ufnau im Zürichsee.

Mit dieser Niederlage und dem Tod der beiden Führer war die Macht des Adels, als einer von den Fürsten unabhängigen Körperschaft, gebrochen. Von jetzt an tritt der Adel nur noch im Dienst und unter der Leitung der Fürsten auf. Der Bauernkrieg, der gleich darauf ausbrach, zwang ihn noch mehr, sich direkt oder indirekt unter den Schutz der Fürsten zu stellen, und bewies zu gleicher Zeit, dass der deutsche Adel es vorzog, lieber unter fürstlicher Oberhoheit die Bauern fernerhin auszubeuten als die Fürsten und Pfaffen durch ein offenes Bündnis mit den e m a n z i - p i e r t e n Bauern zu stürzen.

V

Von dem Augenblick an, wo Luthers Kriegserklärung gegen die katholische Hierarchie alle Oppositionselemente Deutschlands in Bewegung setzte, verging kein Jahr, in dem nicht die Bauern ebenfalls wieder mit ihren Forderungen hervortraten. Von 1518 bis 1523 folgte ein lokaler Bauernaufstand im Schwarzwald und in Oberschwaben auf den anderen. Seit Frühjahr 1524 nahmen diese Aufstände einen systematischen Charakter an. Im April dieses Jahres verweigerten die Bauern der Abtei Marchthal die Frondienste und Leistungen; im Mai verweigerten die Sankt-Blasier Bauern die Leibeigenschaftsgebühren; im Juni erklärten die Bauern von Steinheim bei Memmingen, weder Zehnten noch sonstige Gebühren zahlen zu wollen; im Juli und August standen die Thurgauer Bauern auf und wurden teils durch die Vermittlung der Züricher, teils durch die Brutalität der Eidgenossenschaft, die mehrere hinrichten ließ, wieder zur Ruhe gebracht. Endlich erfolgte in der Landgrafschaft Stühlingen ein entschiedener Aufstand, der als der unmittelbare Anfang des B a u e r n k r i e g e s gelten kann.

Die Stühlinger Bauern verweigerten plötzlich die Leistungen an den Landgrafen, rotteten sich in starken Haufen zusammen und zogen unter H a n s   M ü l l e r   v o n   B u l g e n b a c h am 24. Oktober 1524 nach Waldshut. Hier stifteten sie in Gemeinschaft mit den Bürgern eine evangelische Brüderschaft. Die Bürger traten der Verbindung umso eher bei, als sie gleichzeitig wegen religiöser Verfolgungen gegen Balthaser H u b - m a i e r , ihren Prediger, einen Freund und Schüler Thomas Münzers, mit der voderösterreichischen Regierung im Konflikt waren. Es wurde also eine Bundessteuer von drei Kreuzern wöchentlich – ein enormer Betrag für den damaligen Geldwert – aufgelegt, Emissäre nach dem Elsass, der Mosel, dem ganzen Oberrhein und Franken geschickt, um die Bauern überall in den Bund zu bringen und als Zweck des Bundes die Abschaffung der Fendalherrschaft, die Zerstörung aller Schlösser und Klöster und die Beseitigung aller Herren außer dem Kaiser proklamiert. Die Bundesfahne war die d e u t s c h e T r i k o l o r e .

Der Aufstand gewann rasch Terrain im ganzen jetzigen badischen Oberland. Ein panischer Schrecken ergriff den oberschwäbischen Adel, dessen Streitkräfte fast sämtlich in Italien, im Kriege gegen Franz I. von Frankreich, beschäftigt waren. Es blieb ihm nichts übrig als die Sache durch Unterhandlungen in die Länge zu ziehen und inzwischen Gelder aufzutreiben und Truppen zu werben, bis er stark genug sei, die Bauern für ihre Vermessenheit mit „Sengen und Brennen, Plündern und Morden" zu züchtigen. Von jetzt an begann jener systematische Verrat, jene konsequente Wortbrüchigkeit und Heimtücke, durch die der Adel und die Fürsten sich während des ganzen Bauernkrieges auszeichneten, und die gegenüber den dezentralisierten und schwer organisierbaren Bauern ihre stärkste Waffe war. Der schwäbische Bund, der die Fürsten, den Adel und die Reichsstädte Südwestdeutschlands umfasste, legte sich ins Mittel, aber ohne den Bauern tatsächliche Zugeständnisse zu verbürgen. Diese blieben in Bewegung. Hans Müller von Bulgenbach zog vom 30. September bis Mitte Oktober durch den Schwarzwald bis Urah und Furtwangen, brachte seinen Haufen bis auf 3 500 Mann und nahm mit diesen bei Eratingen[2] (nicht weit von Stühlingen) Position. Der Adel hatte nicht über 1 700 Mann zur Verfügung und auch diese waren zersplittert. Er war gezwungen, sich auf einen Waffenstillstand einzulassen, der auch wirklich im Eratinger Lager zustande kam. Gütlicher Vertrag, entweder direkt zwischen den Beteiligten oder durch Schiedsrichter, und Untersuchung der Beschwerden durch das Landgericht zu Stockach wurden den Bauern zugesagt. Sowohl die Adelstruppen wie die Bauern gingen auseinander.

Die Bauern vereinigten sich auf 16 Artikel, deren Bewilligung vom Stochacher Gericht verlangt werden sollte. Sie waren sehr gemäßigt. Abschaffung des Jagdrechts, der Fronen, der drückenden Steuern und

---

2   Anm. des Verlags: es wird vermutet, dass es sich hier um einen Schreibfehler handelt und die ehemals selbstständige Gemeinde Ewattingen gemeint ist. Diese wurde in die Gemeinde Wutach eingegliedert.

der Herrschaftsprivilegien überhaupt, Schutz gegen willkürliche Verhaftung und gegen parteiische, nach Willkür urteilende Gerichte – weiter forderten sie nichts.

Der Adel dagegen forderte, sobald die Bauern heimgegangen waren, sogleich sämtliche streitige Leistungen wieder ein, so lange bis das Gericht entschieden habe. Die Bauern weigerten sich natürlich und verwiesen die Herren an das Gericht. Der Streit brach von Neuem aus; die Bauern zogen sich wieder zusammen, die Fürsten und Herren konzentrierten ihre Truppen. Diesmal ging die Bewegung wieder weiter, bis über den Breisgau und tief ins Württembergische hinein. Die Truppen unter G e o r g   T r u c h s e ß von Waldburg, dem Alba des Bauernkrieges, beobachteten sie, schlugen einzelne Zuzüge, wagten aber nicht das Gros anzugreifen. Georg Truchseß unterhandelte mit den Bauernchefs und brachte hier und da Verträge zustande.

Ende Dezember begannen die Verhandlungen vor dem Landgericht zu Stockach. Die Bauern protestierten gegen die Zusammensetzung des Gerichts aus lauter Adeligen. Ein kaiserlicher Bestallungsbrief wurde ihnen als Antwort vorgelesen. Die Verhandlungen zogen sich in die Länge, inzwischen rüsteten der Adel, die Fürsten, die schwäbischen Bundesbehörden. Erzherzog Ferdinand, der außer den jetzt noch österreichischen Erblanden auch Württemberg, den badischen Schwarzwald und den südlichen Elsass beherrschte, befahl die größte Strenge gegen die rebellischen Bauern. Man solle sie fangen, foltern und ohne Gnade erschlagen, man solle sie, wie es am bequemten sei, verderben, ihr Hab und Gut verbrennen und veröden und ihre Weiber und Kinder aus dem Lande jagen. Man sieht, wie die Fürsten und Herren den Waffenstillstand hielten und was sie unter gütiger Vermittlung und Untersuchung der Beschwerden verstanden. Der Erzherzog Ferdinand, dem das Haus Welser in Augsburg Geld vorgeschossen, rüstete in aller Eile; der schwäbiche Bund schrieb ein in drei Terminen zu stellendes Kontingent von Geld und Truppen aus.

Diese bisherigen Aufstände fallen zusammen mit der fünfmonatigen Anwesenheit Thomas Münzers im Oberland. Von dem Einfluss, den er auf den Ausbruch und Gang der Bewegung gehabt, sind zwar keine direkten Beweise vorhanden, aber dieser Einfluss ist indirekt vollständig konstatiert. Die entschiedeneren Revolutionäre unter den Bauern sind meist seine Schüler und vertreten seine Ideen. Die zwölf Artikel, wie der Artikelbrief der oberländischen Bauern werden ihm von allen Zeitgenossen zugeschrieben, obwohl er wenigstens erstere gewiss nicht verfasst hat. Noch auf seiner Rückreise nach Thüringen erließ er eine entschieden revolutionäre Schrift an die insurgierten Bauern. ,

Gleichzeitig intrigierte der seit 1519 aus Württemberg vertriebene Herzog Ulrich, um mit Hilfe der Bauern wieder in den Besitz seines Landes zu kommen. Es ist Tatsache, dass er seit seiner Vertreibung die revolutionäre Partei zu benutzen suchte und sie fortwährend unterstützte. In die meisten von 1520–24 vorgekommenen Lokalunruhen im Schwarzwald und in Württemberg wird sein Name verwickelt, und jetzt rüstete er direkt zu einem Einfall von seinem Schloss Hohentwiel aus nach Württemberg. Er wurde indes von den Bauern nur benutzt, hatte nie Einfluss auf sie und noch weniger ihr Vertrauen.

So verging der Winter, ohne dass es von einer der beiden Seiten zu etwas Entscheidendem kam. Die fürstlichen Herren versteckten sich, der Bauernaufstand gewann an Ausdehnung. Im Januar 1525 war das ganze Land zwischen Donau, Rhein und Lech in voller Gärung, und im Februar brach der Sturm los.

Während der Schwarzwald-Hegauer Haufen unter Hans Müller von Bulgenbach mit Ulrich von Württemberg konspirierte und zum Teil seinen vergeblichen Zug nach Stukttgart mitmachte (Februar und März 1525), standen die Bauern im Ried, oberhalb Ulm, am 9. Februar auf, sammelten sich in einem von Sümpfen gedeckten Lager bei Baltringen, pflanzten die rote Fahne auf und formierten unter der Führung von Ulrich Schmid den B a l t r i n g e r   H a u f e n. Sie waren 10–12 000 Mann stark.

Am 25. Februar zog sich der O b e r a l l g ä u e r   H a u f e n, 7 000 Mann stark, am Schusser zusammen, auf das Gerücht hin, dass die Truppen gegen die auch hier aufgetretenen Missvergnügten heranzögen. Die Kemptner, die den ganzen Winter über mit ihrem Erzbischof im Streit gewesen, traten am 26. zusammen und vereinigten sich mit ihnen. Die Städte Memmingen und Kaufbeuren schlossen sich, unter Bedingungen, der Bewegung an; doch trat schon hier die Zweideutigkeit der Stellung hervor, die die Städte in diesem Kampf einnahmen. Am 7. März wurden in Memmingen die zwölf Memminger Artikel für alle Oberallgäuer Bauern angenommen.

Auf Botschaft der Allgäuer bildete sich am Bodensee unter Eitel Hans der S e e h a u f e n. Auch dieser Haufe verstärkte sich rasch. Das Hauptquartier war in Bermatingen.

Ebenso standen im unteren Allgäu, in der Gegend von Ochsenhausen und Schellenberg, im Zeilschen und Waldburgschen, den Herrschaften des Truchseß, die Bauern auf, und zwar schon in den ersten Tagen des März. Dieser U n t e r a l l g ä u e r H a u f e n lagerte, 7 000 Mann stark, bei Wurzach.

Diese vier Haufen nahmen alle die Memminger Artikel an, die übrigens noch viel gemäßigter waren als die der Hegauer und auch in den Punkten, die sich auf das Verhalten der bewaffneten Haufen zum Adel und den Regierungen bezogen, einen merkwürdigen Mangel an Entschiedenheit zur Schau tragen. Die Entschiedenheit, wo sie kam, kam erst im Laufe des Krieges, nachdem die Bauern Erfahrungen über die Handlungsweise ihrer Feinde gemacht hatten.

Gleichzeitig mit diesen Haufen bildete sich ein sechster an der Donau. Aus der ganzen Gegend von Ulm bis Donauwörth, aus den Tälern der Iller, Roth und Biber kamen die Bauern nach Leipheim und schlugen dort ein Lager auf. Von 15 Ortschaften war jeder waffenfähige Mann, von 117 waren Zuzüge da. Der Führer des L e i p h e i m e r H a u f e n s war Ulerich Schön[3], sein Prediger Jakob Wehe, der Pfarrer von Leipheim.

So standen anfangs März in sechs Lagern an 30 bis 40 000 insurgierte oberschwäbische Bauern unter den Waffen. Der Charakter dieser Bauernhaufen war sehr gemischt. Die revolutionäre – Münzersche – Partei war überall in der Minorität. Trotzdem bildete sie überall den Kern und Halt der Bauernlager. Die Masse der Bauern war immer bereit, sich auf ein Abkommen mit den Herren einzulassen, wenn ihr nur die Zugeständnisse gesichert wurden, die sie durch ihre drohende Haltung zu ertrotzen hoffte. Dazu wurde sie, als die Sache sich in die Länge zog und die Fürstenheere heranrückten, des Kriegsführens überdrüssig, und diejenigen, die noch etwas zu verlieren hatten, gingen größtenteils nach Hause. Dabei hatte sich den Haufen das vagabundierende Lumpenproletariat massenweise angeschlossen, das die Disziplin erschwerte, die Bauern demoralisierte und ebenfalls häufig ab- und zulief. Schon hieraus erklärt sich, dass die Bauernhaufen anfangs überall auf der Defensive blieben, in den Feldlagern sich demoralisierten und auch abgesehen von ihrer taktischen Unzulänglichkeit und von der Seltenheit guter Führer, den Armeen der Fürsten keineswegs gewachsen waren.

---

3   Anm. des Verlags: Es wird vermutet, dass Ulrich Schön gemeint ist.

Noch während die Haufen sich zusammenzogen, fiel Herzog Ulrich mit geworbenen Truppen und einigen Hegauer Bauern vom Hohentwiel nach Württemberg ein. Der schwäbische Bund war verloren, wenn die Bauern jetzt von der anderen Seite her gegen die Truppen des Truchseß von Waldburg heranrückten. Aber bei der bloß defensiven Haltung der Haufen gelang es dem Truchseß bald, mit den Baltringer, Allgäuer und Seebauern einen Waffenstillstand abzuschließen, Verhandlungen einzuleiten. und einen Termin zur Abmachung der Sache auf Sonntag Judica (2. April) anzusetzen. Währenddessen konnte er gegen Herzog Ulrich ziehen, Stuttgart besetzen und ihn zwingen, schon am 17. März Württemberg wieder zu verlassen. Dann wandte er sich gegen die Bauern, aber in seinem eigenen Heer revoltierten die Landsknechte und weigerten sich, gegen diese zu ziehen. Es gelang dem Truchseß, die Meuterer zu beschwichtigen, und nun marschierte er nach Ulm, wo sich neue Verstärkungen sammelten. Bei Kirchheim unter Teck hatte er ein Beobachtungslager zurückgelassen.

Der schwäbische Bund, der endlich die Hände frei und seine ersten Kontingente beisammenhatte, warf jetzt die Maske ab und erklärte, dass er „das, was die Bauern eigenen Willens sich unterfangen, mit den Waffen und mit Gottes Hilfe zu wenden entschlossen sei".

Die Bauern hatten sich inzwischen streng an den Waffenstillstand gehalten. Sie hatten für die Verhandlung am Sonntag Judica ihre Forderungen aufgesetzt, die berühmten z w ö l f A r t i k e l. Sie verlangten Wahl und Absetzbarkeit der Geistlichen durch die Gemeinden, Abschaffung des kleinen Zehnten und Verwendung des großen zu öffentlichen Zwecken, nach Abzug des Pfarrgehalts, Abschaffung der Leibeigenschaft, des Fischerei- und Jagdrechts und des Totfalls, Beschränkung der übermäßigen Fronen, Steuern und Gülten, Restitution der den Gemeinden und einzelnen gewaltsam entzogenen Waldungen, Weiden und Privilegien, und Beseitigung der Willkür in Justiz und Administration. Man sieht, die gemäßigte, verträgliche Partei wog noch bedeutend vor unter den Bauernhaufen. Die revolutionäre Partei hatte schon früher, im A r t i k e l - b r i e f, ihr Programm aufgestellt. Dieser offene Brief an sämtliche Bauernschaften fordert sie auf, einzutreten in die „christliche Vereinigung und Brüderschaft" zur Entfernung aller Lasten, sei es durch Güte, „was nicht wohl sein mag", sei es durch Gewalt, und bedrohte alle Weigernden mit dem „weltlichen Bann", d.h. mit der Ausstoßung aus der Gesellschaft und aus allem Verkehr mit den Bundesmitgliedern. Alle Schlösser, Klöster und Pfaffenstifte sollen gleichfalls in den weltlichen Bann getan werden, es sei denn, dass Adel, Pfaffen und Mönche sie freiwillig verlassen, in gewöhnliche Häuser ziehen wie andere Leute und sich der christlichen Vereinigung anschließen. – In diesem radikalen Manifest, das offenbar vor dem Frühjahrsaufstand 1525 abgefasst wurde, handelt es sich also vor allem um die Revolution, die vollständige Besiegung der noch herrschenden Klassen, und der „weltliche Bann" designiert nur die Unterdrücker und Verräter, die erschlagen, die Schlösser, die verbrannt, die Klöster und Stifte, die konfisziert und deren Schätze in Geld verwandelt werden sollen.

Ehe jedoch die Bauern dazu kamen, ihre zwölf Artikel den berufenen Schiedsrichtern vorzulegen, kam ihnen die Nachricht von dem Vertragsbruch des schwäbischen Bundes und dem Herannahen der Truppen. Sogleich trafen sie ihre Maßregeln. Eine Generalversammlung der Allgäuer, Baltringer und Seebauern, wurde zu Gaisbeuren abgehalten. Die vier Haufen wurden vermischt und vier neue Kolonnen aus ihnen organisiert, die Konfiskation der geistlichen Güter, der Verkauf ihrer Kleinodien zum Besten der Kriegskasse und die Verbrennung der Schlösser wurden beschlossen. So wurde neben den offiziellen zwölf Artikeln der Artikelbrief die Regel ihrer Kriegsführung, und der Sonntag Judica, der zum Friedensschluss angesetzte Tag, das Datum der a l l g e m e i n e n E r h e b u n g.

Die überall wachsende Aufregung, die fortwährenden Lokalkonflikte der Bauern mit dem Adel, die Nachricht von dem seit sechs Monaten immer wachsenden Aufstand im Schwarzwald und von seiner Verbreitung bis an die Donau und den Lech reichen allerdings hin, um die rasche Aufeinanderfolge der Bauernaufstände in zwei Dritteln von Deutschland zu erklären. Aber dass Leute an der Spitze der Bewegung standen, die sie durch wiedertäuferische und sonstige Emissäre organisiert hatten, das beweist die Tatsache der Gleichzeitigkeit aller partiellen Aufstände. In der letzten Hälfte des März waren schon Unruhen im Württembergischen, am unteren Neckar, im Odenwald, in Unter- und Mittelfranken ausgebrochen; aber überall wurde schon vorher der 2. April, der Sonntag Judica, als Tag des allgemeinen Losbruchs angegeben, überall geschah der entscheidende Schlag, der Aufstand in Masse, in der ersten Woche des April. Auch die Allgäuer, Hegauer und Seebauern riefen am 1. April durch Sturmläuten und Massenversammlungen alle waffenfähigen Männer ins Lager, und eröffneten, gleichzeitig mit den Baltringern, die Feindseligkeiten gegen die Schlösser und Klöster.

In F r a n k e n , wo sich die Bewegung um sechs Zentren gruppierte, brach der Aufstand überall in den ersten Tagen des April los. Bei N ö r d - l i n g e n bildeten sich um diese Zeit zwei Bauernlager, mit deren Hilfe die revolutionäre Partei in der Stadt, deren Chef Anton F o r n e r war, die Oberhand erhielt und Forners Ernennung zum Bürgermeister sowie den Anschluss der Stadt an die Bauern durchsetzte. Im A n s p a c h s c h e n [4] standen die Bauern vom 1. bis 7. April überall auf, und der Aufstand verbreitete sich von hier bis nach Bayern hinüber. Im R o t t e n b u r g s c h e n standen die Bauern schon seit dem 22. März unter den Waffen; in der Stadt Rottenburg wurde am 27. März die Herrschaft der Ehrbarkeit durch die Kleinbürger und Plebejer unter Stephan von M e n z i n g e n gestürzt; aber da gerade die Leistungen der Bauern hier die Haupteinkünfte der Stadt waren, hielt sich auch die neue Regierung sehr schwankend und zweideutig gegenüber den Bauern. Im Hochstift W ü r z b u r g erhoben sich anfangs April die Bauern und die kleinen Städte allgemein, und im Bistum Bamberg zwang die allgemeine Insurrektion binnen fünf Tagen den Bischof zur Nachgiebigkeit. Endlich im Norden, an der thüringischen Grenze, zog sich das starke B i l d h ä u s e r B a u e r n l a g e r zusammen.

Im O d e n w a l d , wo W e n d e l H i p l e r , ein Adeliger und ehemaliger Kanzler der Grafen von Hohenlohe, und G e o r g M e t z l e r , Wirt zu Ballenberg bei Krautheim, an der Spitze der revolutionären Partei standen, brach der Sturm schon am 26. März los. Die Bauern zogen von allen Seiten nach der Tauber. Auch 2 000 Mann aus dem Lager vor Rottenburg schlossen sich an. Georg Megler übernahm die Führung und marschierte, nachdem alle Verstärkungen eingetroffen, am 4. April nach dem Kloster Schönthal an der Jaxt[5], wo die N e c k a r t a l e r zu ihm stießen. Diese, von J ä c k l e i n R o h r b a c h , Wirt zu Böckingen bei Heilbronn geführt, hatten am Sonntag Judica in Fleim[6], Sontheim usw. die Insurrektion proklamiert, während gleichzeitig Wendel Hipler mit einer Anzahl

---

4   Anm. des Verlags: Es wird vermutet, dass das Ansbachsche Lager gemeint ist, benannt nach dem Ort Ansbach in Bayern.

5   Anm. des Verlags: entspricht Kloster Schöntal an der Jagst.

6   Anm. des Verlags: Es wird vermutet, dass es sich um einen Schreibfehler handelt und die Gemeinde Flein in Baden-Württemberg gemeint ist.

Verschworener Öhringen überrumpelt und die umwohnenden Bauern in die Bewegung hineingerissen hatte. Zu Schöntal wurden von den beiden, zum Hellen Haufen vereinigten Bauernkolonnen die zwölf Artikel angenommen und Streifzüge gegen Schlösser und Klöster organisiert. Der Helle Haufen war an 8 000 Mann stark und hatte Kanonen und 3 000 Handbüchsen. Auch Florian Geyer, ein fränkischer Ritter, schloss sich ihm an und bildete die Schwarze Schar, ein Elitekorps, das besonders aus der Rottenburger und Öhringer Landwehr sich rekrutierte.

Der württembergische Vogt in Neckarsulm, Graf Ludwig von Helfenstein, eröffnete die Feindseligkeiten. Er ließ alle Bauern, die ihm in die Hände fielen, ohne Weiteres niedermachen. Der Helle Haufen zog ihm entgegen. Diese Metzeleien, sowie die eben eingetroffene Nachricht von der Niederlage des Leipheimer Haufens, von Jakob Wehes Hinrichtung und den Grausamkeiten des Truchseß, erbitterten die Bauern. Der Helfensteiner, der sich nach Weinsberg hineingeworfen hatte, wurde hier angegriffen. Das Schloss wurde von Florian Geyer gestürmt, die Stadt nach längerem Kampf genommen und Graf Ludwig nebst mehreren Rittern gefangen. Am nächsten Tag, am 17. April, hielt Jäcklein Rohrbach mit den entschiedensten Leuten des Haufens Gericht über die Gefangenen und ließ ihrer vierzehn, den Helfensteiner an der Spitze, durch die Spieße jagen – den schimpflichsten Tod, den er sie erdulden lassen konnte. Die Einnahme von Weinsberg und die terroristische Rache Jäckleins an dem Helfensteiner verfehlten ihre Wirkung auf den Adel nicht. Die Grafen von Löwenstein traten der Bauernverbindung bei, die von Hohenlohe, die schon früher zugetreten waren, aber noch keine Hilfe geleistet hatten, schickten sofort das verlangte Geschütz und Pulver.

Die Hauptleute berieten darüber, ob sie nicht Götz von Berlichingen zum Hauptmann nehmen sollten, „da dieser den Adel zu ihnen bringen könne". Der Vorschlag fand Anklang; aber Florian Geyer, der in dieser Stimmung der Bauern und Hauptleute den Anfang einer Reaktion sah, trennte sich hierauf mit seiner Schwarzen Schar vom Haufen, durchstreifte auf eigene Faust zuerst die Neckargegend, dann das Würzburgische und zerstörte überall die Schlösser und Pfaffennester.

Der Rest des Haufens zog nun zunächst gegen Heilbronn. In dieser mächtigen freien Reichsstadt stand, wie fast überall, der Ehrbarkeit eine bürgerliche und eine revolutionäre Opposition entgegen. Die letztere, im geheimen Einverständnis mit den Bauern, öffnete während eines

Tumults schon am 17. April G. Metzler und Jäcklein Rohrbach die Tore. Die Bauernchefs nahmen mit ihren Leuten Besitz von der Stadt, die in die Brüderschaft aufgenommen wurde und 1200 Gulden Geld sowie ein Fähnlein Freiwilliger stellte. Nur die Geistlichkeit und die Besitzungen der Deutschordensherren wurden gebrandschatzt. Am 22. zogen die Bauern wieder ab, nachdem sie eine kleine Besatzung hinterlassen hatten. Heilbronn sollte das Zentrum der verschiedenen Haufen werden, die auch wirklich Delegierte hinschickten und über gemeinsame Aktion und gemeinsame Forderungen der Bauernschaften berieten. Aber die bürgerliche Opposition und die seit dem Einmarsch der Bauern mit ihr verbündete Ehrbarkeit hatten jetzt wieder die Oberhand in der Stadt, verhinderten alle energischen Schritte und warteten nur auf das Herannahen der fürstlichen Heere, um die Bauern definitiv zu verraten.

Die Bauern zogen dem Odenwald zu. Am 24. April musste Götz von Berlichingen, der sich wenige Tage vorher zuerst dem Kurfürsten von der Pfalz, dann den Bauern, dann wieder dem Kurfürsten angetragen hatte, in die evangelische Brüderschaft treten und das Oberkommando des Hellen l i c h t e n Haufens (im Gegensatz zum S c h w a r z e n Haufen Florian Geyers) übernehmen. Er war aber zu gleicher Zeit Gefangener der Bauern, die ihn misstrauisch überwachten und ihn an den Beirat der Hauptleute banden, ohne die er nichts tun konnte. Götz und Metzler zogen nun mit der Masse der Bauern über Buchen nach Amorbach, wo sie vom 30. April bis 5. Mai blieben und das ganze Mainzische insurgierten. Der Adel wurde überall zum Anschluss gezwungen und seine Schlösser dadurch geschont; nur die Klöster wurden verbrannt und geplündert. Der Haufe hatte sich zusehends demoralisiert; die energischsten Leute waren mit Florian Geyer oder mit Jäcklein Rohrbach fort, denn auch dieser hatte sich nach der Einnahme Heilbronns getrennt, offenbar weil er, der Richter des Grafen Helfenstein, nicht länger bei einem Haufen bleiben konnte, der sich mit dem Adel vertragen wollte. Dies Dringen auf eine Verständigung mit dem Adel war selbst schon ein Zeichen von Demoralisation. Bald darauf schlug Wendel Hipler eine sehr passende Reorganisation des Haufens vor: man solle die sich täglich anbietenden Landsknechte in Dienst nehmen und den Haufen nicht wie bisher monatlich durch Einziehung von neuen und Entlassung der alten Kontingente erneuern, sondern die einmal unter den Waffen befindliche, einigermaßen geübte Mannschaft behalten. Aber die Gemeindeversammlung verwarf beide Anträge; die Bauern waren bereits übermütig geworden und sahen den ganzen Krieg als einen Beutezug an, wobei ihnen die Konkurrenz der Landsknechte nicht zusagen konnte, und wobei es ihnen freistehen musste nach Hause zu ziehen, sobald ihre Taschen gefüllt waren. In Amorbach kam es sogar so weit, dass der Heilbronner Ratsherr Hans Berlin die „Deklaration der zwölf Artikel", ein Aktenstück, worin selbst die letzten Spitzen der zwölf Artikel abgebrochen und den Bauern eine demütig supplizierende Sprache in den Mund gelegt wurde, bei den Hauptleuten und Räten des Haufens durchsetzte. Diesmal war die Sache den Bauern doch zu stark; sie verwarfen die Deklaration unter großem Lärm und beharrten an den ursprünglichen Artikeln.

Inzwischen war im Würzburgischen eine entscheidende Wendung eingetreten. Der Bischof, der sich bei dem ersten Bauernaufstand anfangs April auf den festen Frauenberg bei Würzburg zurückgezogen und nach allen Seiten, aber vergeblich um Hilfe geschrieben hatte, war endlich zur momentanen Nachgiebigkeit gezwungen worden. Am 2. Mai wurde ein Landtag eröffnet, auf dem auch die Bauern vertreten waren. Aber ehe irgendein Resultat gewonnen werden konnte, wurden Briefe aufgefangen, die die verräterischen Umtriebe des Bischofs konstatierten. Der Landtag ging gleich auseinander, und die Feindseligkeiten begannen zwischen den insurgierten Städtern und Bauern und den Bischöflichen. Der Bischof selbst entfloh am 5. Mai nach Heidelberg; am nächsten Tag schon kam Florian Geyer und die Schwarze Schar in Würzburg an, mit ihm der Fränkische Tauberhaufen, der sich aus Mergentheimer, Rottenburger und Anspachschen Bauern gebildet hatte. Am 7. Mai rückte auch Götz von Berlichingen mit dem Hellen lichten Haufen ein, und die Belagerung des Frauenbergs begann.

Im Limpurgischen und in der Gegend von Ellwangen und Hall bildete sich ein anderer, der Gaildorfer oder Gemeine helle Haufen schon Ende März und Anfang April. Er trat sehr gewaltsam auf, insurgierte die ganze Gegend, verbrannte viele Klöster und Schlösser, u.a. auch das Schloss Hohenstaufen, zwang alle Bauern zum Mitzug und alle Adeligen, selbst die Schenken von Limpurg, zum Eintritt in die christlciihe Verbrüderung. Anfang Mai machte er einen Einfall nach Württemberg, wurde aber zum Rückzug bewogen. Der Partikularismus der deutschen Kleinstaaterei erlaubte damals so wenig wie 1848, dass die Revolutionäre verschiedener Staatsgebiete gemeinsam agierten. Die Gaildorfer, auf ein kleines Terrain beschränkt, fielen notwendig in sich zusammen, nachdem sie allen Widerstand auf diesem Terrain besiegt hatten. Sie vertrugen sich mit der Stadt Gmünd, und gingen mit Hinterlassung von nur 500 Bewaffneten auseinander.

In der P f a l z hatten sich auf beiden Rheinufern gegen Ende April Bauernhaufen gebildet. Sie zerstörten viele Schlösser und Klöster und nahmen am 1. Mai Neustadt a.d. Hardt, nachdem die herübergekommenen Bruchrainer[7] schon tags vorher Speier zu einem Vertrag gezwungen hatten. Der Marschall von Zabern konnte mit den wenigen kurfürstlichen Truppen nichts gegen sie ausrichten, und am 10. Mai musste der Kurfürst mit den insurgierten Bauern einen Vertrag abschließen, in welchem er ihnen Abstellung ihrer Beschwerden auf einem Landtag garantierte.

In W ü r t t e m b e r g endlich war der Aufstand schon früh in einzelnen Gegenden losgebrochen. Auf der Uracher Alp hatten die Bauern schon im Februar einen Bund gegen die Pfaffen und Herren geschlossen, und Ende März erhoben sich die Blaubeurer, Uracher, Münsinger, Balinger und Rosenfelder Bauern. Die Gaildorfer fielen bei Göppingen, Jäcklein Rohrbach bei Brackenheim, die Trümmer des geschlagenen Leipheimer Haufens bei Pfullingen in württembergisches Gebiet ein und insurgierten das Landvolk. Auch in anderen Gegenden brachen ernsthafte Unruhen aus. Schon am 6. April musste Pfullingen mit den Bauern kapitulieren. Die Regierung des österreichischen Erzherzogs war in der größten Verlegenheit. Sie hatte gar kein Geld und sehr wenig Truppen. Die Städte und Schlösser waren im schlechtesten Zustand und hatten weder Besatzung noch Munition. Selbst der Asperg war fast schutzlos.

Der Versuch der Regierung, die Aufgebote der Städte gegen die Bauern zusammenzuziehen, entschied ihre momentane Niederlage. Am 16. April weigerte sich das Bottwarer Aufgebot zu marschieren, und zog, statt nach Stuttgart, auf den Wunnenstein bei Bottwar[8], wo es den Kern eines Lagers von Bürgern und Bauern bildete, das sich rasch vermehrte. An demselben Tage brach der Aufstand im Zabergau[9] aus; das Kloster Maulbronn wurde geplündert, und eine Anzahl von Klöstern und Schlössern

---

7   Anm. des Verlags: Alternative Schreibweise der Hügellandschaft Bruchrain: Bruhrain.

8   Anm. des Verlags: Es wird vermutet, dass das heutige Großbottwar in Baden-Württemberg gemeint ist.

9   Anm. des Verlags: entspricht wahrscheinlich dem heutigen Zabergäu.

vollständig verwüstet. Aus dem benachbarten Bruchrain zogen den Gäubauern Verstärkungen zu.

An die Spitze des Haufens auf dem Wunnenstein trat M a t e r n F e u -
e r b a c h e r , Ratsherr von Bottwar, einer der Führer der bürgerlichen
Opposition, aber hinreichend kompromittiert, um mit den Bauern
gehen zu müssen. Er blieb indes fortwährend sehr gemäßigt, verhinderte
die Vollziehung des Artikelbriefs an den Schlössern, und suchte überall
zwischen den Bauern und der gemäßigten Bürgerschaft zu vermitteln.
Er verhinderte die Vereinigung der Württemberger mit dem Hellen
lichten Haufen und bewog später ebenfalls die Gaildorfer zum Rückzug aus Württemberg. Wegen seiner bürgerlichen Tendenzen wurde er
schon am 19. April abgesetzt, aber am nächsten Tag bereits wieder zum
Hauptmann ernannt. Er war unentbehrlich, und selbst als Jäcklein Rohrbach am 22. mit 200 Mann entschlossenen Leuten den Württembergern
zuzog, blieb ihm nichts übrig, als jenen in seiner Stelle zu lassen, und sich
auf genaue Überwachung seiner Handlungen zu beschränken.

Am 18. April versuchte die Regierung mit den Bauern auf dem Wunnenstein zu unterhandeln. Die Bauern bestanden darauf, die Regierung
müsse die zwölf Artikel annehmen, und dies konnten die Bevollmäch-
tigten natürlich nicht. Der Haufen setzte sich nun in Bewegung. Am 20.
war er in Laufen, wo die Abgeordneten der Regierung zum letzten Mal
zurückgewiesen wurden. Am 22. stand er, 6 000 Mann stark, in Bietig-
heim und bedrohte Stuttgart. Hier war der Rat größtenteils geflohen und
ein Bürgerausschuss an die Spitze der Verwaltung gesetzt. In der Bürgerschaft waren dieselben Parteispaltungen zwischen Ehrbarkeit, bürgerlicher Opposition und revolutionären Plebejern wie überall. Die letzteren
öffneten am 25. April den Bauern die Tore, und Stuttgart wurde sogleich
besetzt. Hier wurde die Organisation des H e l l e n c h r i s t l i c h e n
H a u f e n s , wie sich die württembergischen Insurgenten jetzt nannten,
vollständig durchgeführt, und Löhnung, Beuteverteilung und Verpfle-
gung usw. in feste Regeln gebracht. Ein Fähnlein Stuttgarter unter Theus
Gerber schloss sich an.

Am 29. April zog Feuerbacher mit dem ganzen Haufen gegen die bei
Schorndorf ins Württembergische eingefallenen Gaildorfer, nahm die
ganze Gegend in die Verbindung auf und bewog dadurch die Gaildorfer
zum Rückzug. Er verhinderte so, dass durch die Vermischung mit den
rücksichtslosen Gaildorfern das revolutionäre Element in seinem Haufen,

an dessen Spitze Rohrbach stand, eine gefährliche Verstärkung erhielt. Von Schorndorf zog er auf die Nachricht, dass der Truchseß heranziehe, diesem entgegen, und lagerte am 1. Mai bei Kirchheim unter Teck.

Wir haben hiermit das Entstehen und die Entwicklung des Aufstandes in demjenigen Teil Deutschlands geschildert, den wir als das Terrain der ersten Gruppe der Bauernhaufen betrachten müssen. Ehe wir auf die übrigen Gruppen (Thüringen und Hessen, Elsass, Österreich und die Alpen) eingehen, müssen wir den Feldzug des Truchseß berichten, in dem er, anfangs allein, später unterstützt von verschiedenen Fürsten und Städten, diese erste Gruppe von Insurgenten vernichtete.

Wir verließen den Truchseß bei Ulm, wohin er sich Ende März wandte, nachdem er bei Kirchheim unter Teck ein Beobachtungskorps unter Dietrich Spät zurückgelassen. Das Korps des Truchseß, nach Herbeiziehung der in Ulm konzentrierten bündischen Verstärkungen, nicht ganz 10 000 Mann stark, wovon 7200 Mann Infanterie, war das einzige zum Angriffskrieg gegen die Bauern disponible Heer. Die Verstärkungen kamen nur sehr langsam nach Ulm zusammen, teils wegen der Schwierigkeit der Werbung in insurgierten Ländern, teils wegen des Geldmangels der Regierungen, teils weil überall die wenigen Truppen zur Besatzung der Festungen und Schlösser mehr als unentbehrlich waren. Wie wenig Truppen die Fürsten und Städte disponibel hatten, die nicht zum schwäbischen Bund gehörten, haben wir schon gesehen. Von den Erfolgen, die Georg Truchseß mit seiner Bundesarmee erfechten würde, hing also alles ab.

Der Truchseß wandte sich zuerst gegen den Baltringer Haufen, der inzwischen begonnen hatte, Schlösser und Klöster in der Umgebung des Ried zu verwüsten. Die Bauern, beim Herannahen der Bundestruppen ins Ried zurückgegangen, wurden aus den Sümpfen durch Umgehung vertrieben, gingen über die Donau und warfen sich in die Schluchten und Wälder der schwäbischen Alp. Hier, wo ihnen die Reiterei und das Geschütz, die Hauptstärke der bündischen Armee, nichts anhaben konnte, verfolgte sie der Truchseß nicht weiter. Er zog gegen die Leipheimer, die mit 5 000 Mann bei Leipheim, mit 4 000 im Mindeltal und mit 6 000 bei Illertissen standen, die ganze Gegend insurgierten, Klöster und Schlösser zerstörten und sich vorbereiteten mit allen drei Kolonnen gegen Ulm zu ziehen. Auch hier scheint bereits einige Demoralisation unter den Bauern eingerissen zu sein, und die militärische Zuverlässigkeit des Haufens vernichtet zu haben; denn Jakob Wehe suchte von vornherein mit dem Truchseß zu unterhandeln. Dieser aber ließ sich jetzt, wo er eine hinreichende Truppenmacht hinter sich hatte, auf nichts ein, sondern griff am 4. April den Haupthaufen bei Leipheim an und zersprengte ihn vollständig. Jakob Wehe und Ulerich Schön, sowie zwei andere Bauernführer, wurden gefangen und enthauptet; Leipheim kapitulierte, und mit einigen Streifzügen in der Umgegend war der ganze Bezirk unterworfen.

Eine neue Rebellion der Landsknechte, durch das Verlangen der Plünderung und einer Extralöhnung veranlasst, hielt den Truchseß abermals bis zum 10. April auf. Dann zog er südwestlich gegen die B a l t r i n g e r, die inzwischen in seine Herrschaften Waldburg, Zeil und Wolfegg eingefallen waren und seine Schlösser belagerten. Auch hier fand er die Bauern zersplittert und schlug sie am 11. und 12. April nacheinander in einzelnen Gefechten, die den Baltringer Haufen ebenfalls vollständig auflösten. Der Rest zog sich unter dem Pfaffen Florian auf den S e e h a u f e n zurück. Gegen diesen wandte sich nun der Truchseß. Der Seehaufen, der inzwischen nicht nur Streifzüge gemacht, sondern auch die Städte Buchhorn (Friedrichshafen) und Wollmatingen[10] in die Verbrüderung gebracht hatte, hielt am 13. großen Kriegsrat im Kloster Salem und beschloss, dem Truchseß entgegenzuziehen. Sofort wurde überall Sturm geläutet, und 10 000 Mann, zu denen noch die geschlagenen Baltringer stießen, versammelten sich im Vermatinger Lager. Sie bestanden am 15. April ein günstiges Gefecht mit dem Truchseß, der seine Armee hier nicht in einer Entscheidungsschlacht aufs Spiel setzen wollte und vorzog, zu unterhandeln, umso mehr, als er erfuhr, dass die Allgäuer und Hegauer ebenfalls heranrückten. Er schloss also am 17. April mit den Seebauern und Baltringern zu Weingarten einen für sie scheinbar ziemlich günstigen Vertrag, auf den die Bauern ohne Bedenken eingingen. Er brachte es ferner dahin, dass die Delegierten der Ober- und Unterallgäuer diesen Vertrag ebenfalls annahmen, und zog dann nach Württemberg ab.

Die List des Truchseß rettete ihn hier vor sicherem Untergange. Hätte er nicht verstanden, die schwachen, beschränkten, größtenteils schon demoralisierten Bauern, und ihre meist unfähigen, ängstlichen und bestechlichen Führer zu betören, so war er mit seiner kleinen Armee zwischen vier Kolonnen, zusammen mindestens 25–30 000 Mann stark, eingeschlossen und unbedingt verloren. Aber die bei Bauernmassen

---

10   Anm. des Verlags: entspricht dem heutigen Konstanzer Stadtteil Wollmatingen.

immer unvermeidliche Borniertheit seiner Feinde machte es ihm möglich, sich ihrer gerade in dem Moment zu entledigen, wo sie den ganzen Krieg, wenigstens für Schwaben und Franken, mit einem Schlage beendigen konnten. Die Seebauern hielten den Vertrag, mit dem sie schließlich natürlich geprellt wurden, so genau, dass sie später gegen ihre eigenen Bundesgenossen, die Hegauer, die Waffen ergriffen; die Allgäuer, durch ihre Führer in den Verrat verwickelt, sagten. sich zwar gleich davon los, aber inzwischen war der Truchseß aus der Gefahr.

Die Hegauer, obwohl nicht in den Weingarter Vertrag eingeschlossen, gaben gleich darauf einen neuen Beleg von der grenzenlosen Lokalborniertheit und dem eigensinnigen Provinzialismus, der den ganzen Bauernkrieg zugrunde richtete. Nachdem der Truchseß vergeblich mit ihnen unterhandelt hatte und nach Württemberg abmarschiert war, zogen sie ihm nach und blieben ihm fortwährend in der Flanke; es fiel ihnen aber nicht ein, sich mit dem württembergischen Hellen christlichen Haufen zu vereinigen, und zwar aus dem Grunde, weil die Württemberger und Neckartaler ihnen auch einmal Hilfe abgeschlagen hatten. Als daher der Truchseß sich weit genug von ihrer Heimat entfernt hatte, kehrten sie ruhig wieder um und zogen gegen Freiburg.

Wir verließen die Württemberger unter Matern Feuerbacher bei Kirchheim unter Teck, von wo das vom Truchseß zurückgelassene Beobachtungskorps unter Dietrich Spät sich nach Urach zurückgezogen hatte. Nach einem vergeblichen Versuch auf Urach wandte sich Feuerbacher nach Nürtingen und schrieb an alle benachbarten Insurgentenhaufen um Zuzug für die Entscheidungsschlacht. Es kamen in der Tat sowohl aus dem württembergischen Unterland wie aus dem Gäu bedeutende Verstärkungen. Namentlich rückten die Gäubauern, die sich um die bis nach Westwürttemberg zurückgegangenen Trümmer der Leipheimer gesammelt und das ganze obere Neckar- und Nagoldtal bis nach Böblingen und Leonberg insurgiert hatten, in zwei starken Haufen heran und vereinigten sich am 5. Mai in Nürtingen mit Feuerbacher. Bei Bötlingen stieß der Truchseß auf die vereinigten Haufen. Ihre Zahl, ihr Geschütz und ihre Stellung machten ihn stutzig; er fing nach seiner üblichen Methode sofort Unterhandlungen an und schloss einen Waffenstillstand mit den Bauern. Kaum hatte er sie hierdurch sicher gemacht, so überfiel er sie am 12. Mai w ä h r e n d   d e s   W a f f e n s t i l l s t a n d e s und zwang sie zu einer Entscheidungsschlacht. Die Bauern leisteten langen und tapferen

Widerstand, bis endlich Bötlingen dem Truchseß durch den Verrat der Bürgerschaft überliefert wurde. Der linke Flügel der Bauern war hiermit seines Stützpunktes beraubt, wurde geworfen und umgangen. Hierdurch war die Schlacht entschieden. Die undisziplinierten Bauern gerieten in Unorduung und bald in wilde Flucht; was nicht von den bündischen Reitern niedergemacht oder gefangen wurde, warf die Waffen weg und eilte nach Hause. Der Helle christliche Haufen und mit ihm die ganze württembergische Insurrektion war vollständig aufgelöst. Theus Gerber entkam nach Esslingen, Feuerbacher floh nach der Schweiz, Jäcklein Rohrbach wurde gefangen und in Ketten bis Neckargartach mitgeschleppt, wo ihn der Truchseß an einen Pfahl ketten, ringsherum Holz aufschichten und so bei langsamem Feuer lebendig braten ließ, während er selbst, mit seinen Rittern zechend, sich an diesem ritterlichen Schauspiel weidete.

Von Neckargartach aus unterstüßte der Truchseß durch einen Einfall in den Kraichgau die Operationen des Kurfürsten von der Pfalz. Dieser, der inzwischen Truppen gesammelt, brach auf die Nachricht von den Erfolgen des Truchseß sofort den Vertrag mit den Bauern, überfiel am 23. Mai den Bruchrain, nahm und verbrannte Malsch nach heftigem Widerstande, plünderte eine Anzahl von Dörfern und besetzte Bruchsal. Zu gleicher Zeit überfiel der Truchseß Eppingen und nahm den dortigen Chef der Bewegung, Anton Eisenhut, gefangen, den der Kurfürst nebst einem Dutzend anderer Bauernführer sogleich hinrichten ließ. Der Bruchrain und Kraichgau waren hiermit bezwungen und mussten gegen 40 000 Gulden Brandschatzung zahlen. Die beiden Heere des Truchseßen – auf 6 000 Mann reduziert durch die bisherigen Schlachten – und des Kurfürsten (6 500 Mann) vereinigten sich nun und zogen den Odenwäldern entgegen.

Die Nachricht von der Bötlinger Niederlage hatte überall Schrecken unter den Insurgenten verbreitet. Die freien Reichsstädte, soweit sie unter die drückende Hand der Bauern geraten waren, atmeten plötzlich wieder auf. Heilbronn war die erste, die zur Versöhnung mit dem schwäbischen Bund Schritte tat. In Heilbronn saßen die Bauernkanzlei und die Delegierten der verschiedenen Haufen, um die Anträge zu beraten, die im Namen sämtlicher insurgierten Bauern an Kaiser und Reich gestellt werden sollten. In diesen Verhandlungen, die ein allgemeines, für ganz Deutschland gültiges Resultat haben sollten, stellte sich abermals heraus, wie kein einzelner Stand, auch der der Bauern nicht, weit genug entwickelt war, um von seinem Standpunkt aus die gesamten deutschen Zustände neu zu gestalten. Es zeigte sich sogleich, dass man zu diesem Zweck den Adel und ganz besonders die Bürgerschaft gewinnen musste. W e n d e l   H i p l e r bekam hiermit die Leitung der Verhandlungen in seine Hände. Wendel Hipler erkannte von allen Führern der Bewegung die bestehenden Verhältnisse am richtigsten. Er war kein weitgreifender Revolutionär wie Münzer, kein Repräsentant der Bauern wie Metzler oder Rohrbach. Seine vielseitige Erfahrung, seine praktische Kenntnis der Stellung der einzelnen Stände gegeneinander verhinderte ihn, einen der in der Bewegung verwickelten Stände gegen die anderen ausschließlich zu vertreten. Gerade wie Münzer, als Repräsentant der ganz außer dem bisherigen offiziellen Gesellschaftsverband stehenden Klasse, der Anfänge des Proletariats, zur Vorahnung des Kommunismus getrieben wurde, gerade so kam Wendel Hipler, der Repräsentant sozusagen des Durchschnitts aller progressiven Elemente der Nation, bei der Vorahnung der m o d e r n e n   b ü r g e r l i c h e n   G e s e l l s c h a f t an. Die Grundsätze, die er vertrat, die Forderungen, die er aufstellte, waren zwar nicht das unmittelbar mögliche, sie waren aber das etwas idealisierte, notwendige Resultat der bestehenden Auflösung der feudalen Gesellschaft; und die Bauern, sobald sie sich darangaben, für das ganze Reich Gesetzentwürfe zu machen, waren genötigt, darauf einzugehen. So nahm die Zentralisation, die von den Bauern gefordert wurde, hier in Heilbronn eine positivere Gestalt an, eine Gestalt, die von der Vorstellung der Bauern über sie indes himmelweit verschieden war. So wurde sie z.B. in der Herstellung der Einheit von Münze, Maß und Gewicht, in der Aufhebung der inneren Zölle usw. näher bestimmt, kurz in Forderungen, die weit mehr im Interesse der Städtebürger als der Bauern waren. So wurden dem Adel Zugeständnisse gemacht, die sich den modernen Ablösungen bedeutend nähern, und die auf die schließliche Verwandlung des feudalen Grundbesitzes in bürgerlichen hinausliefen. Kurz, sobald die Forderungen der Bauern zu einer „Reichsreform" zusammengefasst wurden, mussten sie sich nicht den momentanen Forderungen, aber den definitiven Interessen der Bürger unterordnen.

Während diese Reichsreform in Heilbronn noch debattiert wurde, reiste der Verfasser der „Deklaration der zwölf Artikel", Hans Berlin, schon dem Truchseß entgegen, um im Namen der Ehrbarkeit und Bürgerschaft wegen Übergabe der Stadt zu unterhandeln. Reaktionäre Bewegungen in der Stadt unterstützten den Verrat und Wendel Hipler musste mit den Bauern fliehen. Er ging nach Weinsberg, wo er die Trümmer der Württemberger und die wenige mobile Mannschaft der Gaildorfer zu sammeln suchte. Aber das Herannahen des Kurfürsten von der Pfalz und des Truchseß vertrieb ihn auch von hier, und so musste er nach Würzburg gehen, um den Hellen lichten Haufen in Bewegung zu bringen. Die bündischen und kurfürstlichen Truppen unterwarfen indes die ganze Neckargegend, zwangen die Bauern, neu zu huldigen, verbrannten viele Dörfer und erstachen oder hängten alle flüchtigen Bauern, deren sie habhaft wurden. Weinsberg wurde, zur Rache für die Hinrichtung des Helfensteiners, niedergebrannt.

Die vor Würzburg vereinigten Haufen hatten inzwiwchen den Frauenberg belagert und am 15. Mai, noch ehe die Bresche geschossen war, einen tapferen, aber vergeblichen Sturm auf die Festung versucht. 400 der besten Leute, meist von Florian Geyers Schar, blieben in den Gräben tot oder verwundet liegen. Zwei Tage später, am 17., kam Wendel Hipler an und ließ einen Kriegsrat halten. Er schlug vor, nur 4 000 Mann vor dem Frauenberg zu lassen und mit der ganzen, an 20 000 Mann starken Hauptmacht unter den Augen des Truchseß bei Krautheim an der Jagst ein Lager zu beziehen, auf das sich alle Verstärkungen konzentrieren könnten. Der Plan war vortrefflich; nur durch Zusammenhalten der Massen und durch Überzahl konnte man hoffen, das jetzt an 13 000 Mann starke fürstliche Heer zu schlagen. Aber schon war die Demoralisation und Entmutigung unter den Bauern zu groß geworden, um noch irgendeine energische Aktion zuzulassen. Götz von Berlichingen, der bald darauf offen als Verräter auftrat, mag auch dazu beigetragen haben, den Haufen hinzuhalten, und so wurde der Hiplersche Plan nie ausgeführt. Stattdessen wurden die Haufen, wie immer, zersplittert. Erst am 23. Mai setzte sich der Helle lichte Haufen in Bewegung, nachdem die Franken versprochen hatten schleunigst zu folgen. Am 26. wurden die in Würzburg lagernden markgräflichanspachschen Fähnlein heimgerufen durch die Nachricht, dass der Markgraf die Feindseligkeiten gegen die Bauern eröffnet habe. Der Rest des Belagerungsheeres, nebst Florian Geyers Schwarzer Schar, nahm Position bei Heidingsfeld[11], nicht weit von Würzburg.

---

11   Anm. des Verlags: entspricht dem heutigen gleichnamigen Stadtbezirk und Stadtteil von
       Würzburg.

Der Helle lichte Haufen kam am 24. Mai in Krautheim an, in einem wenig schlagfertigen Zustand. Hier hörten viele, dass ihre Dörfer inzwischen dem Truchseß gehuldigt hatten, und nahmen dies zum Vorwand, um nach Hause zu gehen. Der Haufen zog weiter nach Neckarsulm und unterhandelte am 28. mit dem Truchseß. Zugleich wurden Boten an die Franken, Elsasser und Schwarzwald-Hegauer mit der Aufforderung zu schleunigem Zuzug geschickt. Von Neckarsulm marschierte Götz auf Öhringen zurück. Der Haufen schmolz täglich zusammen; auch Götz von Berlichingen verschwand während des Marsches; er war heimgeritten, nachdem er schon früher durch seinen alten Waffengefährten Dietrich Spät mit dem Truchseß wegen seines Übertritts unterhandelt hatte. Bei Öhringen, infolge falscher Nachrichten über das Herannahen des Feindes, ergriff plözlich ein panischer Schreck die rat- und mutlose Masse; der Haufen lief in voller Unordnung auseinander, und nur mit Mühe konnten Metzler und Wendel Hipler etwa 2 000 Mann zusammenhalten, die sie wieder auf Krautheim führten. Inzwischen war das fränkische Aufgebot, 5 000 Mann stark, herangekommen, aber durch einen von Götz offenbar in verräterischer Absicht angeordneten Seitenmarsch über Löwenstein nach Öhringen, verfehlte es den Hellen Haufen und zog auf Neckarsulm. Dieses Städtchen, von einigen Fähnlein des Hellen lichten Haufens besetzt, wurde vom Truchseß belagert. Die Franken kamen in der Nacht an und sahen die Feuer des bündischen Lagers; aber ihre Führer hatten nicht den Mut, einen Uberfall zu wagen und zogen sich nach Krautheim zurück, wo sie endlich den Rest des Hellen lichten Haufens fanden. Neckarsulm ergab sich, als kein Entsatz kam, am 29. an die Bündischen, der Truchseß ließ s o f o r t dreizehn Bauern hinrichten und zog dann sengend und brennend, plündernd und mordend, den Haufen entgegen. Im ganzen Neckar, Kocher- und Jagsttal bezeichneten Schutthaufen und an den Bäumen aufgehängte Bauern seinen Weg.

Bei Krautheim stieß das bündische Heer auf die Bauern, die sich, durch eine Flankenbewegung des Truchseß gezwungen, auf Königshofen an der Tauber zurückgezogen hatten. Hier fassten sie, 8 000 Mann mit 32 Kanonen, Position. Der Truchseß näherte sich ihnen hinter Hügeln und Wäldern versteckt, ließ Umgehungskolonnen vorrücken und überfiel sie am 2. Juni mit solcher Übermacht und Energie, dass sie trotz der hartnäckigsten, bis in die Nacht fortgesetzten Gegenwehr mehrerer Kolonnen vollständig geschlagen und aufgelöst wurden. Wie immer trug auch hier die bündische Reiterei, „der Bauern Tod", hauptsächlich zur Vernichtung des Insurgentenheeres bei, indem sie sich auf die durch Artillerie, Büchsenfeuer und Lanzenangriffe erschütterten Bauern warf, sie vollständig zersprengte und einzeln niedermachte. Welche Art von Krieg der Truchseß mit seinen Reitern führte, beweist das Schicksal der 300 Königshofer Bürger, die beim Bauernheer waren. Sie wurden während der Schlacht bis auf fünfzehn niedergehauen, und von diesen fünfzehn wurden nachträglich noch vier enthauptet.

Nachdem er so mit den Odenwäldern, Neckartalern und Niederfranken fertig geworden, unterwarf der Truchseß durch Streifzüge, Verbrennung ganzer Dörfer und zahllose Hinrichtungen die ganze Umgegend und zog dann gegen Würzburg. Unterwegs erfuhr er, dass der zweite fränkische Haufen unter Florian Geyer und Gregor von Burg-Bernsheim bei Sulzdorf stand und sofort wandte er sich gegen diesen.

Florian Geyer, der seit dem vergeblichen Sturm auf den Frauenberg hauptsächlich mit den Fürsten und Städten, namentlich mit Rottenburg und dem Markgrafen Casimir von Anspach[12], wegen ihres Beitritts zur Bauernverbrüderung unterhandelt hatte, wurde durch die Nachricht der Königshofener Niederlage plötzlich abgerufen. Mit seinem Haufen vereinigte sich der Anspachsche unter Gregor von Burg-Bernsheim. Dieser Haufen hatte sich erst neuerdings gebildet. Der Markgraf Casimir hatte in echt Hohenzollernscher Weise den Bauernaufstand in seinem Gebiet teils durch Versprechungen, teils durch drohende Truppenmassen im Schach zu halten gewusst. Er hielt vollständig Neutralität gegen alle fremden Haufen, solange sie keine Anspachschen Untertanen an sich zogen. Er suchte den Hass der Bauern hauptsächlich auf die geistlichen Stifte zu lenken, durch deren schließliche Konfiskation er sich zu bereichern gedachte. Dabei rüstete er fortwährend und wartete die Ereignisse ab. Kaum war die Nachricht von der Schlacht bei Bötlingen eingetroffen, als er sofort die Feindseligkeiten gegen seine rebellischen Bauern eröffnete, ihnen die Dörfer plünderte und verbrannte und viele von ihnen hängen und niedermachen ließ. Die Bauern jedoch zogen sich rasch zusammen und schlugen ihn unter Gregor von Burg-Bernsheim am 29. Mai bei Windsheim. Während sie ihn noch verfolgten, erreichte sie der Ruf der bedrängten

---

12   Anm. des Verlags: Hierbei könnte es sich vermutlich um den Markgraf Kasimir von Brandenburg-Kulmbach handeln.

Odenwälder und sofort wandten sie sich nach Heidingsfeld und von dort mit Florian Geyer wieder nach Würzburg (2. Juni). Hier ließen sie, stets ohne Nachricht von den Odenwäldern, 5 000 Bauern zurück und zogen mit 4 000 Mann – der Rest war auseinandergelaufen – den übrigen nach. Durch falsche Nachrichten über den Ausfall der Schlacht bei Königshofen sichergemacht, wurden sie bei S u l z d o r f vom Truchseß überfallen und total geschlagen. Wie gewöhnlich richteten die Reiter und Knechte des Truchseß ein furchtbares Blutbad an. Florian Geyer hielt den Rest seiner Schwarzen Schar, 600 Mann, zusammen und schlug sich durch nach dem Dorf Ingolstadt. 200 Mann besetzten die Kirche und den Kirchhof, 400 das Schloss. Die Pfälzer hatten ihn verfolgt, eine Kolonne von 1200 Mann nahm das Dorf und zündete die Kirche an; was nicht in den Flammen unterging wurde niedergemacht. Dann schossen die Pfälzer Bresche in die baufällige Mauer des Schlosses und versuchten den Sturm. Zweimal von den Bauern, die hinter einer inneren Mauer gedeckt standen, zurückgeschlagen, schossen sie auch diese zweite Mauer zusammen und versuchten dann den dritten Sturm, der auch gelang. Die Hälfte von Geyers Leuten wurde zusammengehauen; mit den letzten Zweihundert entkam er glücklich. Aber sein Zufluchtsort wurde schon am nächsten Tage (Pfingstmontag) entdeckt; die Pfälzer umzingelten den Wald, in dem er versteckt lag, und hieben den ganzen Haufen nieder. Nur 17 Gefangene wurden während dieser zwei Tage gemacht. Florian Geyer hatte sich mit wenigen der Entschlossensten wieder durchgeschlagen und wandte sich nun zu den Gaildorfern, die wieder an 7 000 Mann stark zusammengetreten waren. Aber als er hinkam, fand er sie, infolge der niederschlagenden Nachrichten von allen Seiten, größtenteils wieder aufgelöst. Er machte noch den Versuch, die Versprengten in den Wäldern zu sammeln, wurde aber am 9. Juni bei Hall von Truppen überrascht und fiel fechtend.

Der Truchseß, der schon gleich nach dem Sieg von Königshofen den Belagerten auf dem Frauenberg Nachricht gegeben hatte, rückte nun auf Würzburg. Der Rat verständigte sich heimlich mit ihm, sodass das bündische Heer in der Nacht des 7. Juni die Stadt nebst den darin befindlichen 5 000 Bauern umzingeln und am nächsten Morgen in die vom Rat geöffneten Tore ohne Schwertstreich einziehen konnte, Durch diesen Verrat der Würzburger „Ehrbarkeit" wurde der letzte fränkische Bauernhaufen entwaffnet und sämtliche Führer gefangen. Der Truchseß ließ sogleich 81 enthaupten. Hier in Würzburg trafen nun nacheinander die verschiedenen fränkischen Fürsten ein; der Bischof von Würzburg selbst, der von Bamberg und der Markgraf von Brandenburg-Anspach. Die gnädigen Herren verteilten unter sich die Rollen. Der Truchseß zog mit dem Bischof von Bamberg, der jetzt sofort den mit seinen Bauern abgeschlossenen Vertrag brach und sein Land den wütenden Mordbrennerhorden des bündischen Heeres preisgab. Der Markgraf Casimir verwüstete sein eigenes Land. Teiningen wurde verbrannt; zahllose Dörfer wurden geplündert oder den Flammen preisgegeben; dabei hielt der Markgraf in jeder Stadt ein Blutgericht ab. In Neustadt an der Aisch ließ er 18, in der Mark Bürgel 43 Rebellen enthaupten. Von da zog er nach Rottenburg, wo die Ehrbarkeit bereits eine Konterrevolution gemacht und Stephan von Menzingen verhaftet hatte. Die Rottenburger Kleinbürger und Plebejer mussten jetzt schwer dafür büßen, dass sie sich den Bauern gegenüber so zweideutig benommen, dass sie ihnen bis ganz zuletzt alle Hilfe abgeschlagen, dass sie in ihrem lokalbornierten Eigennutz auf Unterdrückung der ländlichen Gewerbe zugunsten der städtischen Zünfte bestanden und nur widerwillig die aus den Feudalleistungen der Bauern fließenden städtischen Einkünfte aufgegeben hatten. Der Markgraf ließ ihrer 16 köpfen, voran natürlich Menzingen. – Der Bischof von Würzburg durchzog in gleicher Weise sein Gebiet, überall plündernd, verwüstend und sengend. Er ließ auf seinem Siegeszug 256 Rebellen hinrichten und krönte sein Werk, bei seiner Rückkehr nach Würzburg, durch die Enthauptung von noch 13 Würzburgern.

Im Mainzischen stellte der Statthalter, Bischof Wilhelm von Straßburg, die Ruhe ohne Widerstand her. Er ließ nur 4 hinrichten. Das Rheingau, das ebenfalls erregt gewesen, wo aber längst alles nach Hause gegangen war, wurde nachträglich von Frowen von Hutten, Ulrichs Vetter, überfallen und durch Hinrichtung von 12 Rädelsführern vollends „beruhigt". Frankfurt, das auch bedeutende revolutionäre Bewegungen erlebt hatte, war anfangs durch Nachgiebigkeit des Rats, später durch angeworbene Truppen im Zaum gehalten worden. In der Rheinpfalz hatten sich seit dem Vertragsbruch des Kurfürsten wieder an 8 000 Bauern zusammengerottet und von Neuem Klöster und Schlösser verbrannt; aber der Trierer Erzbischof zog dem Marschall von Zabern zu Hilfe und schlug sie schon am 23. Mai bei Pfedersheim[13]. Eine Reihe von Grausamkeiten (in

---

13   Anm. des Verlags: entspricht dem heutigen Pfeddersheim.

Pfedersheim allein wurden 82 hingerichtet) und die Einnahme von Wei-ßenburg am 7. Juli beendeten hier den Aufstand.

Von sämtlichen Haufen blieben jetzt nur noch zwei zu besiegen: die Hegau-Schwarzwälder und die Allgäuer. Mit beiden hatte der Erzherzog Ferdinand intrigiert. Wie Markgraf Casimir und andere Fürsten den Aufstand zur Aneignung der geistigen Ländereien und Fürstentümer, so suchte er ihn zur Vergrößerung der österreichischen Hausmacht zu benutzen. Er hatte mit dem Allgäuer Hauptmann Walter Bach und mit dem Hegauer Hans Müller von Bulgenbach unterhandelt, um die Bauern dahin zu bringen, sich für den Anschluss an Österreich zu erklären, aber obwohl beide Chefs käuflich waren, konnten sie bei den Haufen weiter nichts durchsetzen, als das die Allgäuer mit dem Erzherzog einen Waffenstillstand schlossen und die Neutralität gegen Österreich beobachteten.

Die H e g a u e r hatten auf ihrem Rückzug aus dem Württembergischen eine Anzahl Schlösser zerstört und Verstärkungen aus den markgräflich-badischen Ländern an sich gezogen. Sie marschierten am 13. Mai gegen Freiburg, beschossen es vom 18. an und zogen am 23., nachdem die Stadt kapituliert hatte, mit fliegenden Fahnen hinein. Von dort zogen sie gegen Stockach und Radolfzell und führten lange einen erfolglosen kleinen Krieg gegen die Besatzungen dieser Städte. Diese sowie der Adel und die umliegenden Städte, riefen kraft des Weingarter Vertrags die Seebauern um Hilfe an, und die ehemaligen Rebellen des Seehaufens erhoben sich, 5 000 Mann stark, gegen ihre Bundesgenossen. So stark war die Lokalborniertheit dieser Bauern. Nur 600 weigerten sich, wollten sich den Hegauern anschließen und wurden massakriert. Die Hegauer jedoch, durch den abgekauften Hans Müller von Bulgenbach veranlasst, hatten bereits die Belagerung aufgehoben und waren, als Hans Müller gleich darauf floh, meist auseinandergegangen. Der Rest verschanzte sich an der Hilzinger Steige, wo er am 16. Juli von den inzwischen disponibel gewordenen Truppen geschlagen und vernichtet wurde. Die Schweizer Städte vermittelten einen Vertrag für die Hegauer, der indes nicht verhinderte, dass Hans Müller trotz seines Verrats zu Laufenburg verhaftet und enthauptet wurde. Im Breisgau fiel nun auch Freiburg (17. Juli) vom Bunde der Bauern ab und schickte Truppen gegen sie; doch auch hier kam bei der Schwäche der fürstlichen Streitkräfte am 18. September ein Vertrag zu Offenburg zustande, in den auch der Sundgau eingeschlossen wurde. Die acht Einungen des Schwarzwalds und die Klettgauer, die noch nicht entwaffnet waren, wurden durch die Tyrannei des Grafen von Sulz abermals zum Aufstand getrieben und im Oktober geschlagen. Am 13. November wurden die Schwarzwälder zu einem Vertrag gezwungen, und am 6. Dezember fiel Waldshut, das letzte Bollwerk der Insurrektion am Oberrhein.

Die A l l g ä u e r hatten seit dem Abzug des Truchseß ihre Kampagne gegen Klöster und Schlösser wieder aufgenommen und für die Verwüstungen der Bündischen energische Repressalien geübt. Sie hatten wenig Truppen sich gegenüber, die nur einzelne kleine Überfälle unternahmen, ihnen aber nie in die Wälder folgen konnten. Im Juni brach in Memmingen, das sich ziemlich neutral gehalten hatte, eine Bewegung gegen die Ehrbarkeit aus, die nur durch die zufällige Nähe einiger bündischen Truppen, welche der Ehrbarkeit noch zur rechten Zeit zu Hilfe kommen konnten, unterdrückt wurde. Schappeler, der Prediger und Führer der plebejischen Bewegung, entkam nach Sankt Gallen. Die Bauern zogen nun vor die Stadt und wollten eben mit dem Brescheschießen beginnen, als sie erfuhren, dass der Truchseß von Würzburg heranzog. Am 27. Juni marschierten sie ihm in zwei Kolonnen über Babenhausen und Obergünzburg entgegen. Der Erzherzog Ferdinand versuchte nochmals die Bauern für das Haus Österreich zu gewinnen. Gestützt auf den Waffenstillstand, den er mit ihnen abgeschlossen, forderte er den Truchseß auf, nicht weiter gegen sie vorzurücken. Der schwäbische Bund jedoch befahl ihm, sie anzugreifen und nur das Sengen und Brennen zu lassen; der Truchseß war indes viel zu klug, um auf sein erstes und entscheidendstes Kriegsmittel zu verzichten, selbst wenn es ihm möglich gewesen wäre, die vom Bodensee bis an den Main von Exzess zu Exzess geführten Landsknechte im Zaum zu halten. Die Bauern fassten Position hinter der Iller und Luibas, an 23 000 Mann stark. Der Truchseß stand ihrer Front gegenüber mit 11 000 Mann. Die Stellungen beider Heere waren stark; die Reiterei konnte auf dem vorliegenden Terrain nicht wirken, und wenn die Landsknechte des Truchseß an Organisation, militärischen Hilfsquellen und Disziplin den Bauern überlegen waren, so zählten die Allgäuer eine Menge gedienter Soldaten und erfahrener Hauptleute in ihren Reihen und hatten zahlreiches, gut bedientes Geschütz. Am 19. Juli eröffneten die Bündischen eine Kanonade, die von beiden Seiten am 20. fortgesetzt wurde, jedoch ohne Resultat. Am 21. stieß Georg von Frundsberg mit 300 Landsknechten zum Truchseß. Er kannte viele der

Bauernhauptleute, die unter ihm in den italienischen Feldzügen gedient hatten, und knüpfte Unterhandlungen mit ihnen an. Der Verrat gelang, wo die militärischen Hilfsmittel nicht ausreichten. Walter Bach, mehrere andere Hauptleute und Geschützmeister ließen sich kaufen. Sie ließen den ganzen Pulvervorrat der Bauern in Brand stecken und bewegten den Haufen zu einem Umgehungsversuch. Kaum aber waren die Bauern aus ihrer festen Stellung heraus, so fielen sie in den Hinterhalt, den ihnen der Truchseß nach Verabredung mit Bach und den anderen Verrätern gelegt hatte. Sie konnten sich umso weniger verteidigen, als ihre Hauptleute, die Verräter, sie unter dem Vorwand einer Rekognoszierung verlassen hatten und schon auf dem Wege nach der Schweiz waren. Zwei der Bauernkolonnen wurden so vollständig zersprengt, die dritte unter dem Knopf von Luibas konnte sich noch geordnet zurückziehen. Sie stellte sich wieder auf dem Kollenberg bei Kempten, wo der Truchseß sie einschloss. Auch hier wagte er nicht, sie anzugreifen; er schnitt ihr die Zufuhr ab und suchte sie zu demoralisieren, indem er an 200 Dörfer in der Umgegend niederbrennen ließ. Der Hunger und der Anblick ihrer brennenden Wohnungen brachte die Bauern endlich dahin, dass sie sich ergaben (25. Juli). Mehr als zwanzig wurden sogleich hingerichtet. Der Knopf von Luibas, der einzige Führer dieses Haufens, der seine Fahne nicht verraten hatte, entkam nach Bregenz; aber hier wurde er verhaftet und nach langem Gefängnis gehängt.

Damit war der schwäbisch-fränkische Bauernkrieg beendet.

VI

Gleich beim Ausbruch der ersten Bewegungen in Schwaben war T h o - m a s   M ü n z e r wieder nach T h ü r i n g e n geeilt und hatte seit Ende Februar oder Anfang März seinen Wohnsitz in der freien Reichsstadt Mühlhausen genommen, wo seine Partei am stärksten war. Er hatte die Fäden der ganzen Bewegung in der Hand; er wusste, welch allgemeiner Sturm in Süddeutschland auszubrechen im Begriff war, und hatte es übernommen, Thüringen in das Zentrum der Bewegung für Norddeutschland zu verwandeln. Er fand einen höchst fruchtbaren Boden. Thüringen selbst, der Hauptsitz der Reformationsbewegung, war im höchsten Grade aufgeregt; und die materielle Not der unterdrückten Bauern nicht minder als die kursierenden revolutionären, religiösen und politischen

Doktrinen hatten auch die benachbarten Länder, Hessen, Sachsen und die Harzgegend für einen allgemeinen Aufstand vorbereitet. In Mühlhausen namentlich war die ganze Masse der Kleinbürgerschaft für die extreme Münzersche Richtung gewonnen und konnte kaum den Moment erwarten, an dem sie ihre Überzahl gegen die hochmütige Ehrbarkeit geltend machen sollte. Münzer selbst musste, um dem richtigen Moment nicht vorzugreifen, besänftigend auftreten; doch sein Schüler Pfeifer, der hier die Bewegung dirigierte, hatte sich schon so kompromittiert, dass er den Ausbruch nicht zurückhalten konnte, und schon am 17. März 1525, noch vor dem allgemeinen Aufstand in Süddeutschland, machte Mühlhausen seine Revolution. Der alte patrizische Rat wurde gestürzt und die Regierung in die Hände des neugewählten „ewigen Rats" gelegt, dessen Präsident Münzer war.

Es ist das schlimmste, was dem Führer einer extremen Partei widerfahren kann, wenn er gezwungen wird, in einer Epoche die Regierung zu übernehmen, wo die Bewegung noch nicht reif ist für die Herrschaft der Klasse, die er vertritt, und für die Durchführung der Maßregeln, die die Herrschaft dieser Klasse erfordert. Was er tun k a n n , hängt nicht von seinem Willen ab, sondern von der Höhe, auf die der Gegensatz der verschiedenen Klassen getrieben ist, und von dem Entwicklungsgrad der materiellen Existenzbedingungen, der Produktions- und Verkehrsverhältnisse, auf dem der jedesmalige Entwicklungsgrad der Klassengegensätze beruht. Was er tun s o l l , was seine eigene Partei von ihm verlangt, hängt wieder nicht von ihm ab, aber auch nicht von dem Entwicklungsgrad des Klassenkampfs und seiner Bedingungen; er ist gebunden an seine bisherigen Doktrinen und Forderungen, die wieder nicht aus der momentanen Stellung der gesellschaftlichen Klassen gegeneinander und aus dem momentanen, mehr oder weniger zufälligen Stande der Produktions- und Verkehrsverhältnisse hervorgehen, sondern aus seiner größeren oder geringeren Einsicht in die allgemeinen Resultate der gesellschaftlichen und politischen Bewegung. Er findet sich so notwendigerweise in einem unlösbaren Dilemma: was er tun k a n n , widerspricht seinem ganzen bisherigen Auftreten, seinen Prinzipien und den unmittelbaren Interessen seiner Partei; und was ef tun s o l l , ist nicht durchzuführen. Er ist mit einem Wort gezwungen, nicht seine Partei, seine Klasse, sondern die Klasse zu vertreten, für deren Herrschaft die Bewegung gerade reif ist. Er muss im Interesse der Bewegung selbst die Interessen einer ihm fremden Klasse durchführen und seine eigene Klasse mit Phrasen und Versprechungen, mit der Beteuerung abfertigen, dass die Interessen jener fremden Klasse ihre eigenen Interessen sind. Wer in diese schiefe Stellung gerät, ist unrettbar verloren. In der neuesten Zeit noch haben wir Beispiele davon erlebt; wir erinnern nur an die Stellung, die in der letzten französischen provisorischen Regierung die Vertreter des Proletariats einnahmen, obwohl sie selbst nur eine sehr untergeordnete Entwicklungsstufe des Proletariats repräsentierten. Wer nach den Erfahrungen der Februarregierung – von unseren edlen deutschen provisorischen Regierungen und Reichsregentschaften nicht zu sprechen – noch auf offizielle Stellungen spekulieren kann, muss entweder über die Maßen borniert sein oder der extrem-revolutionären Partei höchstens mit der Phrase angehören.

Die Stellung Münzers an der Spitze des ewigen Rats von Mühlhausen war indes noch viel gewagter als die irgendeines modernen revolutionären Regenten. Nicht nur die damalige Bewegung, auch sein ganzes Jahrhundert war nicht reif für die Durchführung der Ideen, die er selbst erst dunkel zu ahnen begonnen hatte. Die Klasse, die er repräsentierte, weit entfernt, vollständig entwickelt und fähig zur Unterjochung und Umbildung der ganzen Gesellschaft zu sein, war eben erst im Entstehen begriffen. Der gesellschaftliche Umschwung, der seiner Fantasie vorschwebte, war noch so wenig. in den vorliegenden materiellen Verhältnissen begründet, dass diese sogar eine Gesellschaftsordnung vorbereiteten, die das gerade Gegenteil seiner geträumten Gesellschaftsordnung war. Dabei aber blieb er an seine bisherigen Predigten von der christlichen Gleichheit und der evangelischen Gütergemeinschaft gebunden; er musste wenigstens den Versuch ihrer Durchführung machen. Die Gemeinschaft aller Güter, die gleiche Verpflichtung aller zur Arbeit und die Abschaffung aller Obrigkeit wurde proklamiert. Aber in der Wirklichkeit blieb Mühlhausen eine republikanische Reichsstadt mit etwas demokratisierter Verfassung, mit einem aus allgemeiner Wahl hervorgegangenen Senat, der unter der Kontrolle des Forums stand, und mit einer eilig improvisierten Naturalverpflegung der Armen. Der Gesellschaftsumsturz, der den protestantischen bürgerlichen Zeitgenossen so entsetzlich vorkam, ging in der Tat nie hinaus über einen schwachen und unbewussten Versuch zur übereilten Herstellung der späteren bürgerlichen Gesellschaft.

Münzer selbst scheint die weite Kluft zwischen seinen Theorien und der unmittelbar vorliegenden Wirklichkeit gefühlt zu haben, eine Kluft, die ihm umso weniger verborgen bleiben konnte, je verzerrter seine genialen Anschauungen sich in den rohen Köpfen der Masse seiner Anhänger widerspiegeln mussten. Er warf sich mit einem selbst bei ihm unerhörten Eifer auf die Ausbreitung und Organisation der Bewegung; er schrieb Briefe und sandte Boten und Emissäre nach allen Seiten aus. Seine Schreiben und Predigten atmen einen revolutionären Fanatismus, der selbst nach seinen früheren Schriften in Erstaunen setzt. Der naive jugendliche Humor der revolutionären Münzerschen Pamphlete ist ganz verschwunden; die ruhige, entwickelnde Sprache des Denkers, die ihm früher nicht fremd war, kommt nicht mehr vor. Münzer ist jetzt ganz Revolutionsprophet; er schürt unaufhörlich den Hass gegen die herrschenden Klassen, er stachelt die wildesten Leidenschaften auf und spricht nur noch in den gewaltsamen Wendungen, die das religiöse und nationale Delirium den alttestamentarischen Propheten in den Mund legte. Man sieht aus dem Stil, in den er sich jetzt hineinarbeiten musste, auf welcher Bildungsstufe das Publikum stand, auf das er zu wirken hatte.

Das Beispiel Mühlhausens und die Agitation Münzers wirkten rasch in die Ferne. In T h ü r i n g e n, im E i c h s f e l d, im H a r z, in den s ä c h s i s c h e n H e r z o g t ü m e r n, in H e s s e n und F u l d a, in O b e r f r a n k e n und im V o g t l a n d standen überall Bauern auf, zogen sich in Haufen zusammen und verbrannten Schlösser und Klöster. Münzer war mehr oder weniger als Führer der ganzen Bewegung anerkannt, und Mühlhausen blieb Zentralpunkt, während in Erfurt eine rein bürgerliche Bewegung siegte, und die dort herrschende Partei fortwährend eine zweideutige Stellung gegen die Bauern beobachtete.

Die Fürsten waren in Thüringen anfangs gerade so ratlos und ohnmächtig gegenüber den Bauern wie in Franken und Schwaben. Erst in den letzten Tagen des April gelang es dem Landgrafen von Hessen, ein Korps zusammenzuziehen – demselben Landgrafen Philipp, von dessen Frömmigkeit die protestantischen und bürgerlichen Reformationsgeschichten so viel zu rühmen wissen und von dessen Infamien gegen die Bauern wir sogleich ein geringes Wörtlein vernehmen werden. Der Landgraf Philipp unterwarf durch ein paar rasche Züge und durch bestimmtes Auftreten bald den größten Teil seines Landes, zog neue Aufgebote heran und wandte sich dann ins Gebiet des Abts von Fulda, seines bisherigen Lehnsherrn. Er schlug den Fuldaer Bauernhaufen am 3. Mai am Frauenberg, unterwarf das ganze Land und benutzte die Gelegenheit, nicht nur sich von der Oberhoheit des Abts loszumachen, sondern sogar die Abtei Fulda in ein hessisches Lehen zu verwandeln – vorbehaltlich ihrer späteren Säkularisierung natürlich. Dann nahm er Eisenach und Langensalza und zog, mit den herzoglich sächsischen Truppen vereinigt, gegen den Hauptsitz der Rebellion, gegen Mühlhausen. Münzer zog seine Streitkräfte, an 8 000 Mann mit einigem Geschütz, bei Frankenhausen zusammen. Der thüringische Haufen war weit entfernt davon, die Schlagfähigkeit zu besitzen, die ein Teil der oberschwäbischen und fränkischen Haufen dem Truchseß gegenüber entwickelte; er war schlecht bewaffnet und schlecht diszipliniert, er zählte wenig gediente Soldaten und ermangelte aller Führer. Münzer selbst besaß offenbar nicht die geringsten militärischen Kenntnisse. Dennoch fanden es die Fürsten angemessen, auch hier die Taktik anzuwenden, die dem Truchseß so oft zum Sieg verholfen hatte: die Wortbrüchigkeit. Am 16. Mai leiteten sie Unterhandlungen ein, schlossen einen Waffenstillstand und überfielen dann plötzlich die Bauern noch ehe der Stillstand abgelaufen war.

Münzer stand mit den Seinen auf dem noch jetzt sogenannten Schlachtberg, verschanzt hinter einer Wagenburg. Die Entmutigung unter dem Haufen war schon sehr im Zunehmen. Die Fürsten versprachen Amnestie, wenn der Haufen ihnen Münzer lebendig ausliefern wolle. Münzer ließ einen Kreis bilden und die Anträge der Fürsten debattieren. Ein Ritter und ein Pfaff sprachen sich für die Kapitulation aus; Münzer ließ sie beide sofort in den Kreis führen und enthaupten. Dieser, von den entschlossenen Revolutionären mit Jubel aufgenommene Akt terroristischer Energie brachte wieder einigen Halt in den Haufen; aber schließlich wäre er doch zum größten Teil ohne Widerstand auseinandergegangen, wenn man nicht bemerkt hätte, dass die fürstlichen Landesknechte, nachdem sie den ganzen Berg umstellt, trotz des Stillstandes in geschlossenen Kolonnen heranrückten. Schnell wurde die Front hinter den Wagen formiert, aber schon schlugen die Geschütz- und Büchsenkugeln in die halb wehrlosen, kampfungewohnten Bauern, schon waren die Landesknechte bei der Wagenburg angelangt. Nach kurzem Widerstand war die Wagenlinie durchbrochen, die Kanonen der Bauern waren erobert und sie selbst versprengt. Sie flohen in wilder Unordnung, um den Umgehungskolonnen und der Reiterei umso sicherer in die Hände zu fallen, die ein unerhörtes Blutbad unter ihnen anrichteten. Von achttausend Bauern wurden über fünftausend erschlagen; der Rest kam nach

Frankenhausen hinein und gleichzeitig mit ihm die fürstlichen Reiter. Die Stadt war genommen. Münzer, am Kopf verwundet, wurde in einem Hause entdeckt und gefangen genommen. Am 25. Mai ergab sich auch Mühlhausen; Pfeifer, der dortgeblieben war, entkam, wurde aber im Eisenachschen verhaftet.

Münzer wurde in Gegenwart der Fürsten auf die Folter gespannt und dann enthauptet. Er ging mit demselben Mut auf den Richtplatz, mit dem er gelebt hatte. Er war höchstens achtundzwanzig Jahre alt, als er hingerichtet wurde. Auch Pfeifer wurde enthauptet; außer diesen beiden aber noch zahllose andere. In Fulda hatte der Mann Gottes, Philipp von Hessen, sein Blutgericht begonnen; er und die sächsischen Fürsten ließen unter anderem in Eisenach 24, in Langensalza 41, nach der Frankenhauser Schlacht 300, in Mühlhausen über 100, bei Germar 26, bei Tungeda 50, bei Sangerhausen 12, in Leipzig 8 Rebellen mit dem Schwert hinrichten, von Verstümmelungen und anderen gelinderen Mitteln, von Plünderungen und Verbrennungen der Dörfer und Städte gar nicht zu reden.

Mühlhausen musste sich seiner Reichsfreiheit begeben und wurde den sächsischen Ländern einverleibt, gerade wie die Abtei Fulda der Landgrafschaft Hessen.

Die Fürsten zogen nun über den Thüringer Wald, wo fränkische Bauern aus dem Bildhäuser Lager sich mit den Thüringern verbunden und viele Schlösser verbrannt hatten. Vor Meiningen kam es zum Gefecht; die Bauern wurden geschlagen und zogen sich auf die Stadt zurück. Diese verschloss ihnen plötzlich die Tore und drohte sie im Rücken anzugreifen. Der Haufen, durch diesen Verrat ihrer Bundesgenossen ins Gedränge gebracht, kapitulierte mit den Fürsten und lief noch während der Verhandlung auseinander. Das Bildhäuser Lager hatte sich längst zerstreut, und so war mit der Zersprengung dieses Haufens der letzte Rest der Insurgenten aus Sachsen, Hessen, Thüringen und Oberfranken vernichtet.

Im E l s a s s war der Aufstand später losgebrochen als auf der rechten Rheinseite. Erst gegen die Mitte des April erhoben sich die Bauern im Bistum Straßburg und bald nach ihnen die Oberelsasser und Sundgauer. Am 18. April plünderte ein niederelsassischer Bauernhaufen das Kloster Altorf; andere Haufen bildeten sich bei Ebersheim und Barr sowie im Willertal und Urbistal. Sie konzentrierten sich bald zum großen Niederelsasser Haufen, und organisierten die Einnahme der Städte und Flecken sowie die Zerstörung der Klöster. Überall wurde der dritte Mann zum Heer eingefordert. Die zwölf Artikel dieses Haufens sind bedeutend radikaler als die schwäbisch-fränkischen.

Während eine Kolonne der Niederelsasser sich anfangs Mai bei St. Hippolyt konzentrierte, und, nach einem vergeblichen Versuch, diese Stadt zu gewinnen, am 10. Mai Barken, am 13. Nappoltsweiler, am 14. Reichenweier durch Einverständnis mit den Bürgern in ihre Gewalt bekam, zog eine zweite unter Erasmus Gerber aus, um Straßburg zu überrumpeln. Der Versuch misslang, die Kolonne wandte sich nun den Vogesen zu, zerstörte das Kloster Mauersmünster und belagerte Zabern, das sich am 13. Mai ergab. Von hier zog sie an die lothringische Grenze und insurgierte den anstoßenden Teil des Herzogtums, während sie zugleich die Gebirgspässe verschanzte. Bei Herbolzheim an der Saar und bei Neuburg wurden große Lager gebildet; bei Saargemünd verschanzten sich 4 000 deutsch-lothringische Bauern; zwei vorgeschobene Haufen endlich, der Kolbenhaufen in den Vogesen bei Stürzelbrunn, der Kleeburger Haufen bei Weißenburg deckten Front und rechte Flanke, während sich die linke Flanke an die Oberelsasser anlehnte.

Diese, seit dem 20. April in Bewegung, hatten am 10. Mai Sulz, am 12. Gebweiler, am 15. Sennheim und Umgegend in die Bauernverbrüderung gezwungen. Die österreichische Regierung und die umliegenden Reichsstädte verbanden sich zwar sogleich gegen sie, waren aber zu schwach, ihnen ernsthaften Widerstand zu leisten, geschweige sie anzugreifen. So war, mit Ausnahme weniger Städte, bis Mitte Mai der ganze Elsass in den Händen der Insurgenten.

Aber schon nahte das Heer, das den Frevelmut der Elsasser Bauern brechen sollte. Es waren F r a n z o s e n , die hier die Restauration der Adelsherrschaft vollzogen. Der Herzog Anton von Lothringen setzte sich bereits am 6. Mai mit einer Armee von 30 000 Mann in Bewegung, darunter die Blüte des französischen Adels und spanische, piemontesische, lombardische, griechische und albanische Hilfstruppen. Am 16. Mai stieß er bei Lützelstein auf 4 000 Bauern, die er ohne Mühe schlug, und am 17. schon zwang er das von den Bauern besetzte Zabern zur Kapitulation. Aber noch während des Einzugs der Lothringer in die Stadt und der Entwaffnung der Bauern wurde die Kapitulation gebrochen; die wehrlosen Bauern wurden von den Landsknechten überfallen und größtenteils niedergemacht. Die übrigen niederelsassischen Kolonnen zerstreuten sich, und Herzog Anton zog nun den Oberelsassern entgegen. Diese, die sich geweigert hatten, den

Niederelsassern nach Zabern zuzuziehen, wurden nun bei Scherweiler von der ganzen Macht der Lothringer - angegriffen. Sie wehrten sich mit großer Tapferkeit, aber die enorme Übermacht – 30 000 gegen 7 000 – und der Verrat einer Anzahl Ritter, besonders des Vogts von Reichenweier, vereitelte alle Bravour. Sie wurden vollständig geschlagen und zersprengt. Der Herzog unterwarf nun den ganzen Elsass mit üblicher Grausamkeit. Nur der Sundgau blieb von seiner Anwesenheit verschont. Die österreichische Regierung brachte hier durch die Drohung, ihn ins Land zu rufen, ihre Bauern anfangs Juni zum Abschluss des Vertrags von Ensisheim. Sie selbst aber brach diesen Vertrag sogleich wieder und ließ die Prediger und Führer der Bewegung massenweise hängen. Die Bauern machten hierauf einen neuen Aufstand, der endlich damit endigte, dass die Sundgauer Bauern in den Vertrag zu Offenburg (18. September) eingeschlossen wurden.

Es bleibt uns jetzt noch der Bauernkrieg in den ö s t e r r e i c h i s c h e n A l p e n l ä n d e r n zu berichten. Diese Gegenden sowie das anstoßende E r z b i s t u m S a l z b u r g waren seit der *stara prawa* in fortwährender Opposition gegen Regierung und Adel, und die reformierten Lehren hatten auch hier einen günstigen Boden gefunden. Religiöse Verfolgungen und willkürliche Steuerbedrückungen brachten den Aufstand zum Losbruch.

Die Stadt S a l z b u r g , unterstützt von den Bauern und Bergknappen, hatte schon seit 1522 mit dem Erzbischof wegen ihrer städtischen Privilegien und wegen der Religionsübung im Streit gelegen. Ende 1524 überfiel der Erzbischof die Stadt mit angeworbenen Landsknechten, terrorisierte sie durch die Kanonen des Schlosses und verfolgte die ketzerischen Prediger. Zugleich schrieb er neue, drückende Steuern aus und reizte die ganze Bevölkerung dadurch aufs Äußerste. Im Frühjahr 1525, gleichzeitig mit der schwäbisch-fränkischen und thüringischen Insurrektion, erhoben sich plötzlih die Bauern und Bergleute des ganzen Landes, organisierten sich in Haufen unter den Hauptleuten P r o ß l e r und W e i t m o s e r , befreiten die Stadt und belagerten das Schloss Salzburg. Sie schlossen, wie die westdeutschen Bauern, einen christlichen Bund und fassten ihre Forderungen in Artikeln zusammen, deren hier vierzehn waren.

Auch in S t e i e r m a r k , O b e r ö s t e r r e i c h , K ä r n t e n und K r a i n , wo neue ungesetzliche Steuern, Zölle und Verordnungen das Volk in seinen nächsten Interessen schwer verletzt hatten, standen die Bauern im Frühjahr 1525 auf. Sie nahmen eine Anzahl Schlösser und schlugen den Besieger der *stara prawa*, den alten Feldhauptmann Dietrichstein, bei Gryß. Obgleich es den Vorspiegelungen der Regierung gelang, einen Teil der Insurgenten zu beschwichtigen, blieb die Masse doch zusammen und vereinigte sich mit den Salzburgern, sodass das ganze Salzburgische und der größte Teil von Oberösterreich, Steiermark, Kärnten und Krain in den Händen der Bauern und Bergknappen war.

In Tirol hatten ebenfalls die reformierten Lehren großen Anhang gefunden; hier waren sogar, noch mehr als in den übrigen österreichischen Alpenländern, Münzersche Emissäre mit Erfolg tätig gewesen. Der Erzherzog Ferdinand verfolgte die Prediger der neuen Lehre auch hier und griff ebenfalls durch neue willkürliche Finanzregulationen in die Vorrechte der Bevölkerung ein. Die Folge war, wie überall, der Aufstand im Frühling desselben Jahres 1525. Die Insurgenten, deren oberster Hauptmann ein Münzerscher war, Geismaier, das einzige bedeutende militärische Talent unter sämtlichen Bauernchefs, nahmen eine Menge Schlösser und verfuhren namentlich im Süden, im Etschgebiet, sehr energisch gegen die Pfaffen. Auch die Vorarlberger standen auf und schlossen sich den Allgäuern an.

Der Erzherzog, von allen Seiten bedrängt, machte den Tebellen, die er noch kurz vorher mit Sengen und Brennen, Plündern und Morden hatte ausrotten wollen, Zugeständnis über Zugeständnis. Er berief die Landtage der Erblande ein und schloss bis zu ihrem Zusammentritt Waffenstillstand mit den Bauern. Inzwischen rüstete er nach Kräften, um möglichst bald eine andere Sprache mit den Frevlern führen zu können.

Der Waffenstillstand wurde natürlich nicht lange gehalten. In den Herzogtümern fing Dietrichstein, dem das Geld ausging, an zu brandschatzen. Seine slawischen und magyarischen Truppen erlaubten sich zudem die schamlosesten Grausamkeiten gegen die Bevölkerung. Die Steirer standen also wieder auf, überfielen in der Nacht- vom 2. bis 3. Juli den Feldhauptmann Dietrichstein in Schladming und machten alles nieder, was nicht deutsch sprach. Dietrichstein selbst wurde gefangen; am Morgen des 3. wurde von den Bauern ein Geschworenengericht eingesetzt und 40 tschechische und kroatische Adelige aus den Gefangenen zum Tode verurteilt. Sie wurden sofort enthauptet. Das wirkte; der Erzherzog genehmigte sofort alle Forderungen der Stände der fünf Herzogtümer (Ober- und Niederösterreich, Steiermark, Kärnten und Krain).

Auch in Tirol wurden die Forderungen des Landtags bewilligt und dadurch der Norden beruhigt. Der Süden jedoch, auf seinen ursprünglichen Forderungen gegenüber den abgeschwächten Landtagsbeschlüssen beharrend, blieb unter den Waffen. Erst im Dezember konnte der Erzherzog hier die Ordnung durch Gewalt wiederherstellen. Er unterließ nicht, eine große Anzahl der in seine Hände gefallenen Anstifter und Führer des Aufruhrs hinzurichten.

Gegen Salzburg zogen nun im August 10 000 Bayern unter Georg von Frundsberg. Diese imposante Truppenmacht sowie Zwistigkeiten, die unter den Bauern ausgebrochen waren, bewogen die Salzburger zum Abschluss eines Vertrages mit dem Erzbischof, der am 1. September zustande kam und den auch der Erzherzog annahm. Die beiden Fürsten, die inzwischen ihre Truppen genügend verstärkt hatten, brachen diesen Vertrag jedoch sehr bald und trieben dadurch die Salzburger Bauern zu einem erneuerten Aufstand. Die Insurgenten hielten sich den Winter über; im Frühjahr kam Geismaier zu ihnen und eröffnete eine glänzende Kampagne gegen die von allen Seiten heranrückenden Truppen. In einer Reihe brillanter Gefechte schlug er – im Mai und Juni 1526 – nacheinander Bayern, Österreicher, schwäbische Bundestruppen und erzbischöflich salzburgische Landsknechte und hinderte lange die verschiedenen Korps an ihrer Vereinigung. Dazwischen fand er noch Zeit, Radstadt zu belagern. Von der Übermacht endlich auf allen Seiten umzingelt, musste er abziehen, schlug sich durch und führte die Trümmer seines Körps mitten durch die österreichischen Alpen auf venetianisches Gebiet. Die Republik Venedig und die Schweiz boten dem unermüdlichen Bauernchef Anhaltspunkte zu neuen Intrigen; er versuchte noch ein Jahr lang, sie in einen Krieg gegen Österreich zu verwickeln, der ihm zu einem wiederholten Bauernaufstand Gelegenheit bieten sollte. Aber während dieser Unterhandlungen erreichte ihn die Hand eines Mörders; der Erzherzog Ferdinand und der salzburgische Erzbischof waren nicht ruhig, solange Geismaier am Leben war: sie bezahlten einen Banditen, und die aem gelang es, den gefährlichen Rebellen 1527 aus der Welt zu schaffen.

VII

Mit dem Rückzug Geismaiers auf venetianisches Gebiet hatte das letzte Nachspiel des Bauernkrieges sein Ende erreicht. Die Bauern waren überall wieder unter die Botmäßigkeit ihrer geistlichen, adeligen oder patrizischen Herren gebracht; die Verträge, die hier und da mit ihnen abgeschlossen waren, wurden gebrochen, die bisherigen Lasten wurden vermehrt durch die enormen Brandschatzungen, die die Sieger den Besiegten auferlegten. Der großartigste Revolutionsversuch des deutschen Volkes endigte mit almählicher Niederlage und momentan verdoppeltem Druck. Auf die Dauer jedoch verschlimmerte sich die Lage der Bauernklasse nicht durch die Unterdrückung des Aufstandes. Was Adel, Fürsten und Pfaffen aus ihnen jahraus jahrein herausschlagen konnten, das wurde schon vor dem Krieg sicher herausgeschlagen; der deutsche Bauer von damals hatte dies mit dem modernen Proletarier gemein, dass sein Anteil an den Produkten seiner Arbeit sich auf das Minimum von Subsistenzmitteln beschränkte, das zu seinem Unterhalt und zur Fortpflanzung der Bauernrasse erforderlich war. Im Durchschnitt war also hier nichts mehr zu nehmen. Manche wohlhabenderen Mittelbauern sind freilich ruiniert, eine Menge von Hörigen in die Leibeigenschaft hineingezwungen, ganze Striche Gemeindeländereien konfisziert, eine große Anzahl Bauern durch die Zerstörung ihrer Wohnungen und die Verwüstung ihrer Felder, sowie durch die allgemeine Unordnung in die Vagabondage oder unter die Plebejer der Städte geworfen worden. Aber Kriege und Verwüstungen gehörten zu den alltäglichen Erscheinungen jener Zeit und im Allgemeinen stand die Bauernklasse eben zu tief für eine dauernde Verschlechterung ihrer Lage durch erhöhte Steuern. Die folgenden Religionskriege und endlich der dreißigjährige Krieg mit seinen stets wiederholten, massenhaften Verwüstungen und Entvölkerungen haben die Bauern weit schwerer getroffen als der Bauernkrieg; namentlich der dreißigjährige Krieg vernichtete den bedeutendsten Teil der im Ackerbau angewandten Produktivkräfte und brachte dadurch und durch die gleichzeitige Zerstörung vieler Städte die Bauern, Plebejer und ruinierten Bürger auf lange Zeit bis zum irischen Elend in seiner schlimmsten Form herab.

Wer an den Folgen des Bauernkrieges am meisten litt, war die G e i s t - l i c h k e i t. Ihre Klöster und Stifte waren verbrannt, ihre Kostbarkeiten geplündert, ins Ausland verkauft oder eingeschmolzen, ihre Vorräte waren verzehrt worden. Sie hatte überall am wenigsten Widerstand leisten können, und zu gleicher Zeit war die ganze Wucht des Volkshasses am schwersten auf sie gefallen. Die anderen Stände, Fürsten, Adel und Bürgerschaft hatten sogar eine geheime Freude an der Not der verhassten Prälaten. Der Bauernkrieg hatte die Säkularisation der geistlichen Güter zugunsten der Bauern populär gemacht, die weltlichen Fürsten und zum Teil die Städte gaben sich daran, diese Säkularisation zu ihrem Besten durchzuführen und bald waren in protestantischen Ländern die Besitzungen der Prälaten in den Händen der Fürsten oder der Ehrbarkeit; Aber auch die Herrschaft der geistlichen Fürsten war angetastet worden, und die weltlichen Fürsten verstanden es, den Volkshass auch nach dieser Seite hin auszubeuten. So haben wir gesehen, wie der Abt von Fulda vom Lehnsherrn zum Dienstmann Philipps von Hessen degradiert wurde. So zwang die Stadt Kempten den Fürstabt, ihr eine Reihe wertvoller Privilegien, die er in der Stadt besaß, für einen Spottpreis zu verkaufen.

Der A d e l hatte ebenfalls bedeutend gelitten. Die meisten seiner Schlösser waren vernichtet, eine Anzahl der angesehensten Geschlechter war ruiniert und konnten nur im Fürstendienst eine Existenz finden. Seine Ohnmacht gegenüber den Bauern war konstatiert; er war überall geschlagen und zur Kapitulation gezwungen worden; nur die Heere der Fürsten hatten ihn gerettet. Er musste mehr und mehr seine Bedeutung als reichsunmittelbarer Stand verlieren und unter die Botmäßigkeit der Fürsten geraten.

Die S t ä d t e hatten im Ganzen auch keinen Vorteil vom Bauernkrieg. Die Herrschaft der Ehrbarkeit wurde fast überall wieder befestigt; die Opposition der Bürgerschaft blieb für lange Zeit gebrochen. Der alte patrizische Schlendrian schleppte sich so, Handel und Industrie nah allen Seiten hin fesselnd, bis in die französische Revolution fort. Von den Fürsten wurden zudem die Städte verantwortlich gemacht für die momentanen Erfolge, die die bürgerliche oder plebejische Partei in ihrem Schoß während des Kampfes errungen hatte. Städte, die schon früher den Gebieten der Fürsten angehörten, wurden schwer gebrandschatzt, ihrer Privilegien beraubt und schutzlos unter die habgierige Willkür der Fürsten geknechtet (Frankenhausen, Arnstadt, Schmalkalden, Würzburg usw.), Reichsstädte wurden fürstlichen Territorien einverleibt (z.B. Mühlhausen) oder doch in die moralische Abhängigkeit von angrenzenden Fürsten gebracht, wie viele fränkische Reichsstädte.

Wer unter diesen Umständen vom Ausgang des Bauernkriegs allein Vorteil zog, waren die Fürsten. Wir sahen schon gleich im Anfang unserer Darstellung, wie die mangelhafte industrielle, kommerzielle und agrikole Entwicklung Deutschlands alle Zentralisation der Deutschen zur Nation unmöglich machte, wie sie nur eine lokale und provinzielle Zentralisation zuließ, und wie daher die Repräsentanten dieser Zentralisation innerhalb der Zersplitterung, die Fürsten, den einzigen Stand bildeten, dem jede Veränderung der bestehenden gesellschaftlichen und politischen Verhältnisse zugute kommen musste. Der Entwicklungsgrad des damaligen Deutschlands war so niedrig und zu gleicher Zeit so ungleichförmig in den verschiedenen Provinzen, dass neben den weltlichen Fürstentümern noch geistliche Souveränetäten, städtische Republiken und souveräne Grafen und Barone bestehen konnten; aber sie drängte zu gleicher Zeit, wenn auch sehr langsam und matt, doch immer auf die p r o v i n z i e l l e Zentralisation, d.h. auf die Unterordnung der übrigen Reichsstände unter die Fürsten hin.

Daher konnten am Ende des Bauernkrieges nur die Fürsten gewonnen haben. So war es auch in- der Tat. Sie gewannen nicht nur relativ dadurch, dass ihre Konkurrenten, die Geistlichkeit, der Adel, die Städte, geschwächt wurden; sie gewannen auch absolut, indem sie die Hauptbeute von allen übrigen Ständen davontrugen. Die geistlichen Güter wurden zu ihrem Besten säkularisiert; ein Teil des Adels, halb oder ganz ruiniert, musste sich nach und nach unter ihre Oberhoheit geben; die Brandschatzungsgelder der Städte und Bauernschaften flossen in ihren Fiskus, der obendrein durch die Beseitigung so vieler städtischen Privilegien weit freieren Spielraum für seine beliebten Finanzoperationen gewann.

Die Zersplitterung Deutschlands, deren Verschärfung und Konsolidierung das Hauptresultat des Bauernkrieges war, war auch zu gleicher Zeit die Ursache seines Misslingens.

Wir haben gesehen, wie Deutschland zersplittert war, nicht nur in zahllose unabhängige, einander fast total fremde Provinzen, sondern auch wie die Nation in jeder dieser Provinzen in eine vielfache Gliederung von Ständen und Ständefraktionen auseinanderfiel. Außer Fürsten und Pfaffen finden wir Adel und Bauern auf dem Lande, Patrizier, Bürger und Plebejer in den Städten, lauter Stände, deren Interessen einander total fremd waren, wenn sie sich nicht durchkreuzten und zuwiderliefen. Über allen diesen komplizierten Interessen obendrein noch das des Kaisers und des Papstes. Wir haben gesehen, wie schwerfällig, unvollständig und je nach den Lokalitäten ungleichförmig, diese verschiedenen Interessen sich schließlich in drei große Gruppen formierten; wie trotz dieser mühsamen Gruppierung jeder Stand gegen die der nationalen Entwicklung durch die Verhältnisse gegebene Richtung opponierte, seine Bewegung auf eigene

Faust machte, dadurch nicht nur mit allen konservativen, sondern auch mit allen übrigen opponierenden Ständen in Kollision geriet und schließlich unterliegen musste. So der Adel im Aufstand Sickingens, die Bauern im Bauernkrieg, die Bürger in ihrer gesamten zahmen Reformation. So kamen selbst Bauern und Plebejer in den meisten Gegenden Deutschlands nicht zur gemeinsamen Aktion und standen einander im Wege. Wir haben auch gesehen, aus welchen Ursachen diese Zersplitterung des Klassenkampfes und die damit gegebene vollständige Niederlage der revolutionären, und halbe Niederlage der bürgerlichen Bewegung hervorging.

Wie die lokale und provinzielle Zersplitterung und die daraus notwendig hervorgehende lokale und provinzielle Borniertheit die ganze Bewegung ruinierte; wie weder die Bürger, noch die Bauern, noch die Plebejer zu einem konzentrierten, nationalen Auftreten kamen; wie die Bauern z.B. in jeder Provinz auf eigene Faust agierten, den benachbarten insurgierten Bauern stets die Hilfe verweigerten und daher in einzelnen Gefechten nacheinander von Heeren aufgerieben wurden, die meist nicht dem zehnten Teil der insurgierten Gesamtmasse gleichkamen – das wird wohl aus der vorhergehenden Darstellung jedem klar sein. Die verschiedenen Waffenstillstände und Verträge der einzelnen Haufen mit ihren Gegnern konstituieren ebensoviel Akte des Verrats an der gemeinsamen Sache, und die einzig mögliche Gruppierung der verschiedenen Haufen nicht nach der größeren oder geringeren Gemeinsamkeit ihrer eigenen Aktion, sondern nach der Gemeinsamkeit des speziellen Gegners, dem sie erlagen, ist der schlagendste Beweis für den Grad der Fremdheit der Bauern verschiedener Provinzen gegeneinander.

Auch hier bietet sich die Analogie mit der Bewegung von 1848–50 wieder von selbst dar. Auch 1848 kollidierten die Interessen der oppositionellen Klassen untereinander, handelte jede für sich. Die Bourgeoisie, zu weit entwickelt, um sich den feudal-bureaukratischen Absolutismus noch länger gefallen zu lassen, war doch noch nicht mächtig genug, die Ansprüche anderer Klassen den ihrigen sofort unterzuordnen. Das Proletariat, viel zu schwach, um auf ein rasches Überhüpfen der Bourgeoisperiode und auf seine eigene baldige Eroberung der Herrschaft rechnen zu können, hatte schon unter dem Absolutismus die Süßigkeiten des Bourgeoisregiments zu sehr kennengelernt und war überhaupt viel zu entwickelt, um auch nur für einen Moment in der Emanzipation der Bourgeoisie seine eigene Emanzipation zu sehen. Die Masse der Nation,

Kleinbürger, Kleinbürgergenossen (Handwerker) und Bauern, wurde von ihrem zunächst noch natürlichen Alliierten, der Bourgeoisie, als schon zu revolutionär, und stellenweise vom Proletariat, als noch nicht avanciert genug, im Stich gelassen; unter sich wieder geteilt, kam auch sie zu nichts und opponierte rechts und links ihren Mitopponenten. Die Lokalborniertheit endlich kann 1525 unter den Bauern nicht größer gewesen sein, als sie unter den sämtlichen in der Bewegung beteiligten Klassen von 1848 war. Die hundert Lokalrevolutionen, die daran sich anknüpfenden hundert ebenso ungehindert durchgeführten Lokalreaktionen, die Aufrechthaltung der Kleinstaaterei sind Beweise, die wahrlich laut genug sprechen. Wer nach den beiden deutschen Revolutionen von 1525 und 1848 und ihren Resultaten noch von Föderativrepublik faseln kann, verdient nirgend anders hin als ins Narrenhaus.

Aber die beiden Revolutionen, die des sechzehnten Jahrhunderts und die von 1848–1850, sind trotz aller Analogien doch sehr wesentlich voneinander verschieden. Die Revolution von 1848 beweist, wenn auch nicht für den Fortschritt Deutschlands, doch für den Fortschritt Europas.

Wer profitierte von der Revolution von 1525? Die Fürsten. – Wer profitierte von der Revolution von 1848? Die großen Fürsten, Österreich und Preußen. Hinter den kleinen Fürsten von 1525 standen, sie an sich kettend durch die Steuer, die kleinen Spießbürger, hinter den großen Fürsten von 1850, hinter Österreich und Preußen, sie rasch unterjochend durch die Staatsschuld, stehen die modernen großen Bourgeois. Und hinter den großen Bourgeois stehen die Proletarier.

Die Revolution von 1525 war eine deutsche Lokalangelegenheit. Engländer, Franzosen, Böhmen, Ungarn, hatten ihre Bauernkriege schon durchgemacht, als die Deutschen den ihrigen machten. War schon Deutschland zersplittert, so war Europa es noch weit mehr. Die Revolution von 1848 war keine deutsche Lokalangelegenheit, sie war ein einzelnes Stück eines großen europäischen Ereignisses. Ihre treibenden Ursachen während ihres ganzen Verlaufs sind nicht auf den engen Raum eines einzelnen Landes, nicht einmal auf den eines Weltteils zusammengedrängt. Ja, die Länder, die der Schauplatz dieser Revolution waren, sind gerade am wenigsten bei ihrer Erzeugung beteiligt. Sie sind mehr oder weniger bewusst und willenlose Rohstoffe, die umgemodelt werden im Verlauf einer Bewegung, an der jetzt die ganze Welt teilnimmt, einer

Bewegung, die uns unter den bestehenden gesellschaftlichen Verhältnissen allerdings nur als eine fremde Macht erscheinen kann, obwohl sie schließlich nur unsere eigene Bewegung ist. Die Revolution von 1848 bis 1850 kann daher nicht enden wie die von 1525.

Anmerkungen

In dem zweiten Abdruck der Schrift hat Engels nichts geändert, nur eine Anzahl von Druckfehlern beseitigt. Dafür haben sich in den zweiten Abdruck einige neue Druckfehler eingeschlichen, die sich an dem ersten Abdruck kontrollieren lassen und danach von mir entfernt worden sind. Eine besondere Rechenschaft darüber an dieser Stelle ist wohl unnötig.

Dagegen hat der zweite Abdruck eine nicht sowohl Verbesserung als Vermehrung durch eine Reihe von Fußnoten erhalten, die teils einzelne Fremdwörter erklären, teils historische Erläuterungen geben. Von Engels rühren sie auf keinen Fall her, sowohl deshalb nicht, weil er solche Krücken des Verständnisses nicht liebte, als auch deshalb nicht, weil er – wenn er sich einmal aus Propagandarücksichten dazu entschlossen hätte – sie sorgsamer und systematischer gemacht haben würde. Sie gehen in der Tat etwas bunt durcheinander, erklären manchmal ganz Leichtes, und lassen viel Schwierigeres unerklärt, sodass ich mich nicht für gebunden erachte, sie wieder abzudrucken und zwar umso weniger, als das historische und sprachliche Verständnis der klassenbewussten Arbeiter heute weit höher einzuschätzen ist, als 1870.

Was die Fremdwörter anbetrifft, so habe ich es für keinen Raub gehalten, in den ganz wenigen, vier oder fünf Fällen, wo heute noch ein mangelhaftes Verständnis vorauszusetzen ist und der Sinn nicht die leiseste Änderung erleidet, das deutsche Wort gleich in den Text zu setzen, statt in eine Fußnote unter dem Text. Vornehmlich handelt es sich um das Wort: Exploitieren, für das der junge Engels eine besondere Vorliebe hatte, während er später selbst das nicht um die leiseste Färbung abweichende deutsche Wort: Ausbeuten zu gebrauchen pflegte. An historischen Erklärungen aber glaube ich hier einige Notizen folgen lassen zu sollen, die ganz unabhängig sind von den Fußnoten des zweiten Abdrucks.

Seite 25. Ludwig XI, von dessen „Art zu zentralisieren" Engels spricht, regierte als französischer König von 1461–1483. Er war als

111

Mensch abergläubisch, grausam und tückisch, doch in gewissem Sinne der erste moderne Monarch, indem er die großen Vasallenstaaten innerhalb des Reiches niederwarf und seine Herrschaft bis zu den Pyrenäen, den Alpen und dem Jura ausdehnte, Acker- und Bergbau, Handel und Industrie begünstigte, die Staatsgelder sparsam verwaltete, regelmäßige Posten einrichtete, freilich auch die Steuerlast von 2 auf 4 Millionen erhöhte. Wenn dann Engels in einem Nebensatze die Zersplitterung Deutschlands auch auf Deutschlands Ausschluss vom Welthandel zurückführt, so spielt er damit auf die Tatsache an, dass die Entwicklung der Warenproduktion zur Aufsuchung neuer Absatzmärkte und Handelswege, zu jenen großen geographischen Entwicklungen führte, die den Welthandel von den Gestaden der Ostsee und des mittelländischen Meeres an die Ufer des atlantischen Ozeans verlegten, und somit den Verfall der nord- und süddeutschen Städte und überhaupt die schnelle Verarmung Deutschlands anbahnte.

Seite 34. Die Carolina war das Strafgesetzbuch, die sogenannte „Halsgerichtsordnung Kaiser Karls V.", die auf dem Reichstage von Regensburg im Jahre 1532 beschlossen wurde, und überaus reich an grausamen Strafen war. Engels begeht hier, wie man sieht, eine kleine Zeitverschiebung, da die Carolina erst sieben Jahre nach dem deutschen Bauernkriege ins Leben trat. In der Sache wird dadurch aber nichts geändert, im Gegenteil; die Carolina milderte immerhin noch die furchtbaren Strafen der Strafgesetze, die vor ihr galten.

Seite 37ff. Über die verschiedenen Formen der bürgerlichen und plebejischen Ketzerei handelt Kautsky ausführlich in den „Vorläufern des Sozialismus", auf die hier nochmals verwiesen sei. Boccaccio, der Schöpfer der italienischen Prosa, der von 1315–1375 lebte, schilderte in seinem berühmten Novellenbuche „Decamerone" die Unsittlichkeit der Geistlichen, die durch das Zölibat, ihre erzwungene Ehelosigkeit, zu fortdauernden Einbrüchen in die bürgerliche Ehe angetrieben wurden und dadurch die bürgerliche Ketzerei nährten. Die „chiliastischen Schwärmereien des ersten Christentums" bestanden in der Erwartung des tausendjährigen Gottesreichs, das mit Christi sichtbarer Wiederkunft auf Erden anheben werde; sie wurzelten namentlich in der Offenbarung des Johannes, und ihr Wiederauftauchen in der plebejischen Ketzerei war umso natürlicher, als den Forderungen dieser Ketzerei noch der reale Boden fehlte.

Seite 45 ff. Über Münzer siehe auch die ausführlichen Kapitel bei Kautsky. Es ist danach manches in der Darstellung von Engels zu berichtigen. So ist Münzer nicht um 1498, sondern um 1490 oder 1493 geboren. Ferner sind die Sätze, die Engels auf Seite 50 unter Berufung auf Zimmermann aus der Rede anführt, die Münzer, nach der Zerstörung der Marienkapelle von Mellerbach, vor den sächsischen Fürsten gehalten hat, nicht bei dieser Gelegenheit gesprochen worden, sondern Münzer hat sie erst in seiner Nürnberger Streitschrift gegen Luther geschrieben. An seinem tapferen Auftreten in jener Predigt vor den Fürsten wird dadurch freilich kaum etwas geändert; auch von der wirklichen Form, in der er sie gehalten hat, sagt Kautsky mit Recht, dass kühner wohl nie vor Fürsten gesprochen worden sei und dass diese Rede allein genüge, das Geschwätz von Münzers Feigheit zu widerlegen, das von Melanchthon bis auf Lamprecht sich durch alle „gutgesinnten" Darstellungen der Münzerschen Bewegung ziehe.

Wichtiger ist der Widerspruch, den Kautsky dagegen erhebt, dass Zimmermann in Münzer einen außerhalb seiner Zeit und über ihr stehenden Denker erblickt. Zimmermann, dessen Darstellung Kautsky sonst übrigens in vollem Maße anerkennt, komme zu dieser Auffassung, indem er Münzer mit späteren Denkern, wie Penn, Zinzendorf, Rousseau u.a., vergleiche. Hätte er ihn dagegen mit früheren kommunistischen Sekten verglichen, so würde er gefunden haben, dass Münzer sich ganz in deren Gedankenkreise bewegt habe. Kautsky gesteht, keine neuen Gedanken bei Münzer gefunden zu haben, und meint auch, dass Münzers organisatorische und propagandistische Bedeutung überschätzt worden sei. „Worin Münzer seine kommunistischen Genossen überragte, das waren nicht philosophischer Sinn. und Organisationstalent, sondern das war seine revolutionäre Tatkraft und vor allem sein staatsmännischer Blick." Hierin unterschied sich Münzer von der im allgemeinen friedfertigen Art der damaligen Kommunisten und namentlich von den Wiedertäufern, die ihm noch im September 1524 schrieben, er gefalle ihnen besser, denn keiner, in diesen deutschen und anderen Ländern, die auch Luthers „schändlich Büchlein" gegen ihn verwarfen, aber ihn zugleich ermahnten, die Fürsten nicht mit der Faust anzugreifen. Hiernach wäre denn auch zu berichtigen oder einzuschränken, was Engels über die Wiedertäufer und Münzer sagt.

Erst als die Wiedertäufer nach der Niederlage der Bauern den beispiellosesten Verfolgungen ausgesetzt waren, da erhoben sie sich, wie in Münster, zu revolutionärem Widerstand.

Seite 68ff. Die Darstellung, die Engels von dem Adelsaufstande der Hutten und Sickingen gibt, ist ebenso klar wie richtig; sie verdient als eine klassische Probe der historisch-materialistischen Methode um so mehr hervorgehoben zu werden, als noch zehn Jahre früher Herwegh an Huttens Grab auf der Insel Ufnau im Zürcher See gesungen hatte:

Ufnau! Hier modert unser Heiland,
Vom deutschen Volk ans Kreuz geschlagen!

und als Engels sogar noch zehn Jahre später seine Auffassung gegen keinen Geringeren als Lassalle zu verteidigen hatte. Siehe die Briefe Lassalles an Marx und Engels.

Seite 96ff. Nicht minder glänzend als die Darstellung des Hutten-Sickingen-Aufstandes ist die Darstellung, die Engels von der Diktatur Münzers in Mühlhausen gibt. Doch ist sie im Tatsächlichen wieder durch Kautskys Forschungen zu ergänzen. Münzer ist in Mühlhausen niemals an die Spitze des Rates gelangt, sondern einfacher Prediger geblieben, der nie einen entscheidenden Einfluss besaß. Auch war Pfeiffer nicht eigentlich sein Schüler, sondern vertrat eine kleinbürgerliche Richtung, die sich wesentlich von Münzers Kommunismus unterschied und für ihn ein Hindernis mehr war. Was Engels beweisen will, wird freilich nur durch den Nachweis bestärkt, dass sich Münzer in einer noch schwierigeren Lage befand, als Engels annahm.

Zum Schluss sei noch darauf hngewiesen, dass Zimmermanns Darstellung – Dr. Wilhelm Zimmermanns Großer Deutscher Bauernkrieg, herausgegeben von Wilhelm Blos – im Stuttgarter Parteiverlage erschienen ist, ebenda auch: Um die Freiheit, Geschichtlicher Roman aus dem deutschen Bauernkriege 1525 von Robert Schweichel, eine dichterische Darstellung, die dieses große Schicksalsjahr mit lebendigen Farben wiederzugeben weiß.